Tiere

Ein Elefant trinkt jeden Tag etwa 100 Liter Wasser.
In einen Wassereimer passen 10 Liter.

1. Wie viele Eimer Wasser braucht ein Elefant jeden Tag?
    Ergänze die Skizze!

$10\,\ell +$

Antwort: _____

2. An warmen Tagen trinkt ein Elefant sogar 150 Liter.
    Wie viele Eimer sind das?
    Skizze oder Rechnung

Antwort: _____

3. Wie viele Eimer müssen an einem warmen Tag
    für acht Elefanten gefüllt werden?
    Skizze oder Rechnung

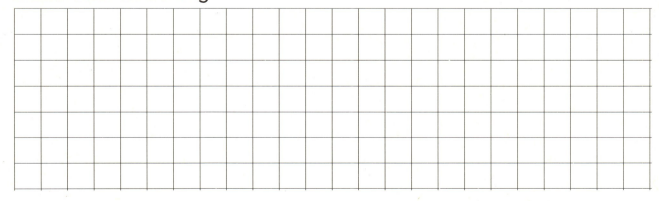

Antwort: _____

Hinweise zum Arbeitsblatt

Schwerpunkte:

- – Vertiefen von Zahl- und Größenvorstellungen durch Auseinandersetzen mit Sachsituationen
- – Anwenden der zu dem Größenbereich Rauminhalt erworbenen Kenntnisse und Fertigkeiten
- – Entwickeln des proportionalen Denkens
- – Entwickeln und Vertiefen von Vorstellungen und Anreichern von Erfahrungen zu Hohlmaßen

Zur Thematik:

Sachsituationen, die mit Tieren zu tun haben, sprechen viele Kinder an. Für die quantitative Betrachtung des Themas kommen Größenvergleiche und Kostenüberlegungen infrage.

Ein Gespräch, das die Erfahrungen der Kinder mit Elefanten (aus dem Zoo oder Zirkus) einbezieht, wird zur Sinnerfassung beitragen.

Die Bewältigung der Anforderungen zur vorgestellten Sachsituation erfordert vor allem zwei Dinge:

1. Vorstellungen zu Hohlmaßen oder – schlichter ausgedrückt – eine Vorstellung von der Wassermenge, die in einen 10-Liter-Eimer passt;
2. Die Erfahrung, dass in zwei Eimer zweimal 10 Liter Wasser, in drei Eimer dreimal 10 Liter usw. hineinpassen.

Zum Vorgehen:

Eine elegante Lösung der Aufgabe 1 wäre das Dividieren von 100 durch 10, also 10 Eimer Wasser. Doch so nahe liegend ist dieses Modell für weniger erfahrene Kinder nicht. Nahe liegender ist ein schrittweises Herangehen an 100 Liter, indem immer noch ein weiterer Eimer Wasser dazugenommen wird, bis schließlich 100 Liter erreicht sind. Es ist also daran gedacht, dass die Kinder so lange Eimer hinzuzeichnen, bis die Gesamtmenge 100 Liter ausmacht.

Bei Aufgabe 2 ist es dem Kind überlassen, ob es eine Methode wie bei Aufgabe 1 anwendet oder ob jetzt der Weg durch Rechnung abgekürzt wird. Eine Möglichkeit, die Antwort durch Rechnung zu begründen, wäre auch: 15 Eimer Wasser, denn $15 \cdot 10 = 150$.

Alle Möglichkeiten sind gleichberechtigt.

Wenn ein Kind bei Aufgabe 3 pro Elefant 15 Eimer zeichnet, also insgesamt 120 Eimer, und daraus die richtige Antwort ableitet, dann ist das in Ordnung. Andere Kinder werden vielleicht acht Elefanten skizzieren und jeweils 15 Eimer darunter schreiben und dann $15 \cdot 8$ rechnen. Noch andere Kinder zeichnen gar nicht mehr, sondern rechnen sofort $15 \cdot 8$. Eine Vereinheitlichung des Lösungsweges für alle Schüler enthält immer die Gefahr, dass einige Schüler aufgrund noch nicht genügend entwickelter Vorstellungsfähigkeiten dem einheitlichen Lösungsweg nicht folgen können.

Zur Lösung:

1. 10 Eimer   2. 15 Eimer   3. 120 Eimer

Tiere

1. **Ergänze, wie alt die Tiere werden können!**

Schimpanse		– etwa	50	Jahre
Karpfen	– etwa halb so alt wie ein Schimpanse	– etwa	....	
Elefant	– bis zu 20 Jahre älter als ein Schimpanse	– etwa	....	
Schnecke	– nur etwa den zehnten Teil des Elefantenalters	– etwa	....	
Kranich	– bis zu 10 Jahre älter als ein Elefant	– etwa	....	
Kaninchen		– etwa	6	Jahre
Ameise	– etwa halb so alt wie ein Kaninchen	– etwa	....	
Katze	– etwa doppelt so alt wie ein Kaninchen	– etwa	....	
Landschildkröte	– etwa das zehnfache Lebensalter einer Katze	– etwa	....	

2. **Kennzeichne das Lebensalter der Tiere an der Zahlenleiste!**

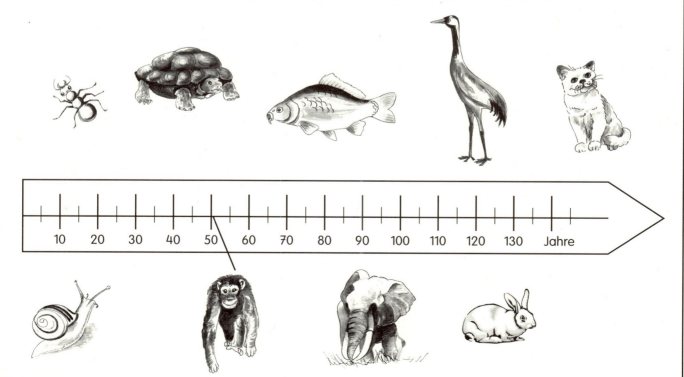

Hinweise zum Arbeitsblatt

Schwerpunkte:

- Erwerben von Allgemeinwissen zum Lebensalter von Tieren
- Anwenden von Verdoppeln und Halbieren mit Bezug zur Größe Zeit
- Entwickeln und Vertiefen von Vorstellungen zu „doppelt so …", „halb so …", „10 mehr als …",
  „der zehnte Teil von …", „das Zehnfache von …"
- Vertiefen der Erfahrungen im Umgang mit einem Zahlenstrahl

Zur Thematik:

Sachsituationen, die mit Tieren zu tun haben, sprechen viele Kinder an. Für die quantitative Betrachtung des Themas kommen Größenvergleiche und Kostenüberlegungen infrage. Die Bewältigung der Anforderungen zur vorgestellten Sachsituation erfordert vor allem ein richtiges sprachliches Verständnis solcher Relationen wie „doppelt so viel …" usw.

Man kann nicht davon ausgehen, dass alle Kinder aus ihrem Alltag ein ausreichendes Verständnis für die vorkommenden Relationsbegriffe mitbringen.

Ausgehend vom Entwicklungsstand der Kinder ist zu prüfen, ob eventuell vor der Bearbeitung des Arbeitsblattes Übungen zur Klärung der Relationsbegriffe zweckmäßig sind. Solche Übungen können sein:

a) Paul tritt vor die Klasse und erhält 8 gleiche Gegenstände (Kugeln oder Bausteine oder …).
   Ein weiters Kind geht nach vorn und soll sich **halb so viele** Gegenstände wie Paul nehmen,
   ein weiteres soll sich **3 Gegenstände mehr** nehmen, als Paul hat, usw.

b) Man wählt eine Familiensituation. Paul ist 10 Jahr alt. Vater ist 40 Jahre alt, Mutter 27, Oma ist 68,
   Opa zwei Jahre älter als Oma, Tante Lisa 30 und die Schwester von Paul ist halb so alt wie Paul.
   Daraus können weitere Aussagen geschlussfolgert werden, z. B.
   Opa ist 70 Jahre alt, denn er ist zwei Jahre älter als Oma.
   Der Vater ist viermal so alt wie Paul usw.

Zum Vorgehen:

Nach einer klärenden Vorbereitung kann bei *Aufgabe 1* eine erfolgreiche Bearbeitung durch die Kinder erwartet werden. Dabei muss von dem Alter der Tiere ausgegangen werden, das bereits angegeben ist. Von dort kann schrittweise jeweils die nächste Zeile bearbeitet werden.

Bei *Aufgabe 2* ist das Alter des Schimpansen als Muster am Zahlenstrahl markiert. Entsprechend sollen jetzt die anderen Tiere mit dem entsprechenden Punkt auf dem Zahlenstrahl verbunden werden.

Zur Lösung:

Zu 1.

Schimpanse	50 Jahre
Karpfen	25 Jahre
Elefant	70 Jahre
Schnecke	7 Jahre
Kranich	80 Jahre
Kaninchen	6 Jahre
Ameise	3 Jahre
Katze	12 Jahre
Landschildkröte	120 Jahre

Tiere

1. Ordne die Tiere nach ihrer Länge! Beginne mit dem kürzesten!

2. Berechne den Längenunterschied zwischen einem Fuchs und einem Eichhörnchen!

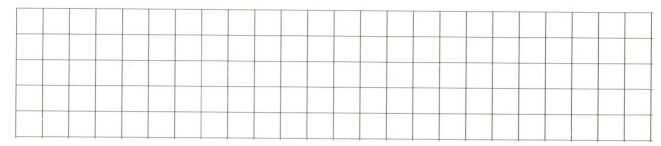

3. Ordne die Tiere nach ihrem Gewicht! Beginne mit dem leichtesten!

4. Berechne den Gewichtsunterschied zwischen einem Biber und einem Fuchs!

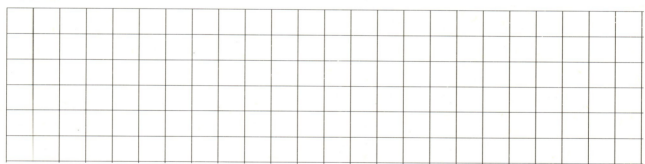

Biber 	**Blauwal** 	**Dachs**
Länge: bis 100 cm Gewicht: bis 30 kg	Länge: bis 3300 cm Gewicht: bis 140 t	Länge: bis 85 cm Gewicht: bis 20 kg
Eichhörnchen	**Eisbär** 	**Afrikanischer Elefant**
Länge: bis 25 cm Gewicht: bis 480 g	Länge: bis 250 cm Gewicht: bis 1 t	Länge: bis 750 cm Gewicht: bis 6 t
Feldmaus 	**Fuchs**	**Reh** 
Länge: bis 12 cm Gewicht: bis 50 g	Länge: bis 90 cm Gewicht: bis 10 kg	Länge: bis 140 cm Gewicht: bis 50 kg

Hinweise zum Arbeitsblatt

Schwerpunkte:

- Vertiefen von Zahl- und Größenvorstellungen im Auseinandersetzen mit Sachsituationen
- Anwenden der zu den Größenbereichen Länge und Masse (Gewicht) erworbenen Kenntnisse und Fertigkeiten
- Auswahl eines geeigneten Lösungsweges zur Berechnung des Unterschieds von zwei Größenangaben
- Erwerben von Arbeitsstrategien

Zur Thematik:

Sachsituationen, die mit Tieren zu tun haben, sprechen viele Kinder an. Für die quantitative Betrachtung des Themas kommen Größenvergleiche und Kostenüberlegungen infrage. Es sind Längen und Massen (Gewichte) zu ordnen. Dabei sind sowohl Maßzahlen als auch Einheiten zu beachten. Zwar werden bei der Länge nur Angaben in Zentimetern gemacht, die Angabe der Masse (des Gewichts) aber erfolgt in Gramm, Kilogramm bzw. Tonne.

Jede Sachsituation erfordert – soll Mathematik eingesetzt werden – eine Modellbildung. In den einfachen Fällen wie hier in den Teilaufgaben 2 und 4 geht es darum, herauszufinden, was gerechnet werden muss.

Zum Vorgehen:

Bei *Aufgabe 1* sollen die Kärtchen ausgeschnitten und dann nach den unterschiedlichen Gesichtspunkten in eine Reihenfolge gebracht werden.

Hier sind mehrere Strategien möglich:

Man wählt ein beliebiges Kärtchen und legt es auf den Tisch. Man wählt wieder ein beliebiges Kärtchen, vergleicht es mit dem bereits gelegten und platziert es je nach Ausgang des Vergleichs rechts oder links vom ersten usw.

Man schaut alle Kärtchen an und wählt das kürzeste Tier aus. Dann schaut man die verbliebenen Kärtchen an und wählt wieder das kürzeste Tier aus usw.

Die Länge der Tiere sollte sichtbar gemacht werden. Bei den kleineren Tieren kann die Länge mit den Armen gezeigt werden, beim Eisbären und beim Elefanten kann die Länge auf dem Fußboden markiert werden, die Länge des Blauwals muss auf dem Flur oder im Freien markiert werden.

Bei *Aufgabe 2* sollte nicht nur die Differenz angegeben werden. Sinnvoll sind auch unterschiedliche Formulierungen wie: Der Längenunterschied von Fuchs und Eichhörnchen beträgt 65 cm. Der Fuchs ist 65 cm länger als das Eichhörnchen. Das Eichhörnchen ist 65 cm kürzer als der Fuchs.

Die Masse (das Gewicht) der Tiere in ihrer Größenordnung zu erfassen kann bei *Aufgabe 3* dadurch unterstützt werden, dass vergleichbare, den Kindern vertraute Gegenstände genannt werden, z. B.
50 g – Überraschungsei;   480 g – ein kleines Brot;   10 kg – ein voller Eimer Wasser;   20 kg – ein schweres Fahrrad;
30 kg – ein Kind der Klasse 3;   50 kg – eine schlanke erwachsene Frau;   1 t – ein Pkw;   6 t – ein Reisebus;
140 t – eine schwere Lokomotive.

Die Reihenfolge beim Ordnen nach der Masse (dem Gewicht) weicht von der Reihenfolge beim Ordnen nach der Länge ab. Darüber sollte mit den Kindern reflektiert werden.

Bei *Aufgabe 4* sollten Übungen analog zu Aufgabe 2 vorgenommen werden.

Zur Lösung:

Zu 1: Maus, Eichhörnchen, Dachs, Fuchs, Biber, Reh, Eisbär, Elefant, Blauwal
Zu 2: ungefähr 65 cm
Zu 3: Maus, Eichhörnchen, Fuchs, Dachs, Biber, Reh, Eisbär, Elefant, Blauwal
Zu 4: ungefähr 20 kg

Tiere

Tiere können unterschiedliche Geschwindigkeiten erreichen.

1. Ordne die Tiere nach ihrer Geschwindigkeit!
   Beginne mit dem schnellsten!

2. Schreibe das schnellste Tier auf!

   _____

3. Schreibe das langsamste Tier auf!

   _____

Faultier	Fuchs	Gepard
250 m in der Stunde	70 km in der Stunde	110 km in der Stunde
Hase	Hund	Katze
70 km in der Stunde	60 km in der Stunde	40 km in der Stunde
Löwe	Pferd	Wild-schwein
60 km in der Stunde	80 km in der Stunde	50 km in der Stunde

Hinweise zum Arbeitsblatt

Schwerpunkte:

- Nutzen von quantitativen Vergleichen zur Umwelterschließung
- Entwickeln und Vertiefen von Vorstellungen zur Geschwindigkeit
- Einbeziehen und Anreichern von Erfahrungen bezüglich der Geschwindigkeit
- Erwerben von Arbeitsstrategien

Zur Thematik:

Sachsituationen, die mit Tieren zu tun haben, sprechen viele Kinder an. Für die quantitative Betrachtung des Themas kommen Größenvergleiche und Kostenüberlegungen infrage. Ein Gespräch, das die Erfahrungen der Kinder mit den auf dem Blatt genannten Tieren einbezieht, wird zur Sinnerfassung beitragen.

Es sind Geschwindigkeiten zu ordnen. Dabei sind sowohl Maßzahlen als auch Einheiten zu beachten. Da aber die Angaben sich alle auf den in einer Stunde zurückgelegten Weg beziehen, sind keine komplizierten Umrechnungen erforderlich. Die Aufgabe reduziert sich auf das Ordnen von Längen.

Zum Vorgehen:

Bei *Aufgabe1* sind unterschiedliche Strategien möglich:

- Man wählt ein beliebiges Kärtchen und legt es auf den Tisch. Man wählt wieder ein beliebiges Kärtchen, vergleicht es mit dem bereits gelegten und platziert es je nach Ausgang des Vergleichs rechts oder links vom ersten usw.
- Man schaut alle Kärtchen an und wählt das schnellste Tier aus. Dann schaut man die verbliebenen Kärtchen an und wählt wieder das schnellste Tier aus usw.

Wurden bei Aufgabe 1 die Kärtchen in eine Reihenfolge gebracht, können bei *Aufgabe 2* das am weitesten links liegende Tier und bei *Aufgabe 3* das am weitesten rechts liegende Tier notiert werden. Zweckmäßig sind Vergleiche zu Geschwindigkeiten, die im Alltag wahrgenommen werden können, z. B. geht ein Fußgänger etwa 4 km in der Stunde, ein Auto fährt in einer Ortschaft etwa 50 km in der Stunde. Ein Hase läuft also schneller, als ein Auto in einer Ortschaft fährt, usw.

Sinnvoll sind auch Formulierungen wie: Ein Hund ist schneller als eine Katze. Ein Pferd ist langsamer als ein Gepard, aber schneller als ein Hase …

Zur Lösung:

Zu 1: Gepard, Pferd, Fuchs, Hase, Hund und Löwe, Wildschwein, Katze, Faultier
Zu 2: Gepard
Zu 3: Faultier

Tiere

Kleine Tiere fressen an einem Tag oft mehr, als sie selbst wiegen.
Ergänze die Übersicht!

Spitzmäuse fressen täglich so viel, wie sie selbst wiegen.
Sie wiegen etwa 15 g.

Eine Spinne wiegt etwa 1 g.
Sie frisst täglich etwa das Zwanzigfache ihres Gewichts.

Ein Maulwurf wiegt etwa 70 g.
Er frisst täglich etwa das Doppelte seines Gewichts.

Wie viel fressen sie?	an einem Tag	in einer Woche	in einem Monat
Spitzmaus			
Spinne			
Maulwurf			

Hinweise zum Arbeitsblatt

Schwerpunkte:

- – Entwickeln des proportionalen Denkens
- – Nutzen von quantitativen Vergleichen zur Umwelterschließung
- – Entwickeln und Vertiefen von Vorstellungen zu „doppelt so …", „das Zwanzigfache von …"
- – Entwickeln und Vertiefen von Vorstellungen zur Masse (Gewicht)
- – Einbeziehen und Anreichern von Erfahrungen bezüglich der Masse (des Gewichts)

Zur Thematik:

Sachsituationen, die mit Tieren zu tun haben, sprechen viele Kinder an. Größenvergleiche und Kostenüberlegungen geben Inhalte für Sachaufgaben her. Ein Gespräch, das die Erfahrungen der Kinder mit den auf dem Blatt genannten Tieren einbezieht, wird zur Sinnerfassung beitragen.

Bei diesem Arbeitsblatt geht es nicht nur darum, Vorstellungen zu den vorkommenden Massen (Gewichten) zu entwickeln, sondern auch zu werten, dass 15 g im Vergleich zum Körpergewicht einmal viel und ein anderes Mal wenig sein können.

Die Entwicklung des proportionalen Denkens wird gefördert, wenn aus der an einem Tag verzehrten Menge auf die in einer Woche bzw. einem Monat geschlossen werden soll.

Zum Vorgehen:

Ein Einstieg in die Thematik könnte von den Erfahrungen mit sich selbst ausgehen. Wie viel kg wiegt ein Kind aus der Klasse? Wie viel isst es an einem Tag? Es wiegt vielleicht 30 kg und isst etwa 1 kg. Das heißt, es ist 30 mal so schwer wie die an einem Tag aufgenommene Nahrung.

Nun wird die Tabelle ausgefüllt. Es muss nicht sofort die Multiplikationsaufgabe 15 · 7 bzw. 15 · 30 von jedem Kind erwartet werden. Es können ja auch die Wochentage und jeweils 15 g daneben notiert werden. Allerdings wird dieser Weg sehr aufwändig, wenn die Futtermenge für einen Monat ermittelt werden soll.

Zur Lösung:

	1 Tag	1 Woche	1 Monat
Spitzmaus	15 g	105 g	450 g
Spinne	20 g	140 g	600 g
Maulwurf	140 g	980 g	4200 g

Tiere

Pit möchte eine Katze.

1. Wie viel kostet die Erstausstattung?

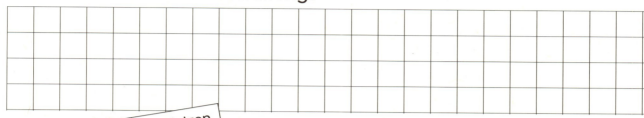

Katzen kostenlos abzugeben!

Katzenbaum 45,00 € / 67.00 Fr.

Katzenklo 15,00 € / 22.00 Fr.

Fellbürste 5,00 € / 8.00 Fr.

10 kg Katzenstreu 3,50 € / 5.50 Fr.
ausreichend für 2 Wochen

Futterdose 0,50 € / 0.80 Fr.
ausreichend für einen Tag

Futter- und Wassernapf je 3,00 € / 5.00 Fr.

2. Wie viel Geld muss er monatlich für die Katze einplanen?

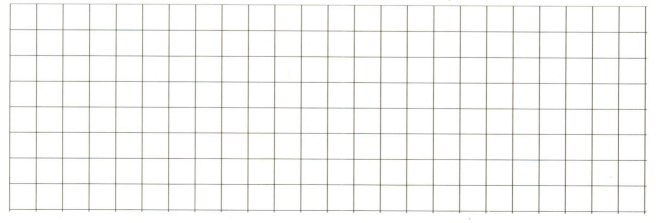

Hinweise zum Arbeitsblatt

Schwerpunkte:

- – Entwickeln von Erfahrungen zur Ausgabenplanung
- – Auswahl eines geeigneten Lösungsweges zur Berechnung der Kosten
- – Entwickeln des proportionalen Denkens
- – Entwickeln und Vertiefen der Erfahrungen mit Geld
- – Erfassen von Formulierungen wie „Erstausstattung" und „monatlich"

Zur Thematik:

Katzen sind für viele Kinder beliebte Haustiere. Ein Gespräch, das die Erfahrungen der Kinder mit Katzen einbezieht, wird zur Sinnerfassung beitragen.

Die Bearbeitung der Blätter 6 bis 10 gibt Gelegenheit, über die Kosten, die bei der Haustierhaltung entstehen, zu reflektieren. Oft muss das Haustier gekauft werden. Außerdem werden gewisse Gegenstände für die Haustierhaltung benötigt, die einmalig angeschafft werden müssen. Dazu kommen dann regelmäßige Kosten, die durch Futter und andere Verbrauchsmaterialien, etwa Streu, entstehen.

Zum Vorgehen:

Was bei *Aufgabe 1* zur Erstausstattung gerechnet wird, kann in einem Gespräch geklärt werden oder aber jedem Kind zur Entscheidung überlassen bleiben. Sicher liegen hier auch unterschiedliche Erfahrungen der Kinder vor. Einer verzichtet eventuell zunächst auf einen Katzenbaum, ein anderer verzichtet auf Futter- und Wassernapf, weil dazu verwendbare Gefäße vorhanden sind, usw. Auf Futter und Streu aber sollte bei der Erstausstattung nicht verzichtet werden.

Bei *Aufgabe 2* ist zu bedenken, dass die Katze täglich Wasser, Futter und Streu benötigt.

Die Entwicklung des proportionalen Denkens wird gefördert, wenn aus der für einen Tag benötigten Futtermenge auf die in einem Monat geschlossen werden soll. Entsprechendes gilt für die Katzenstreu.

Bei dem monatlichen Bedarf für Katzenstreu ist es sinnvoll, mit zwei Paketen je Monat zu rechnen.

Wenn die Katze pro Tag eine Dose Futter benötigt, sind es pro Monat 30 Dosen zu je 0,50 € bzw. 0.80 Fr.

Eine Multiplikationsaufgabe liefert schnell die Lösung. Es ist aber auch völlig in Ordnung, wenn ein Kind sich schrittweise vorantastet und überlegt: für zwei Tage kostet es 1 €, für 4 Tage dann 2 € , . . . , für 30 Tage dann 15 € (für 5 Tage kostet es 4 Fr., für 10 Tage 8 Fr., . . . , für 30 Tage 24 Fr.).

Zur Lösung:

2. Katzenstreu   7 €   /   11 Fr.

    Futter   15 €   /   24 Fr.

    Gesamt   22 €   /   35 Fr.

Annika wohnt in Zürich. Sie hat 90 Fr. gespart.

1. Wie viel Geld muss sie für einen Wellensittich und die Erstausstattung dazu ausgeben?

Wellensittich 26 Fr.

1 kg Vogelfutter
(Hirse) 5 Fr.

ausreichend für 1 Monat

Vogelbauer 37 Fr.

2 kg Vogelsand
2.50 Fr.

ausreichend
für 4 Wochen

Badehäuschen
4.30 Fr.

100 g
Hirsekolben
3 Fr.

ausreichend
für 4 Wochen

Kalkstein 1 Fr.

2. Wie lange reicht das noch vorhandene Geld für Futter und Vogelsand?

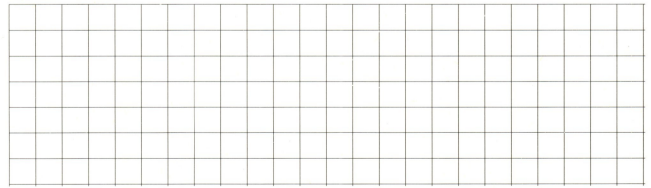

Hinweise zum Arbeitsblatt

Schwerpunkte:

- Entwickeln von Erfahrungen zur Ausgabenplanung
- Entwickeln des proportionalen Denkens
- Auswahl eines geeigneten Lösungsweges zur Berechnung der Kosten
- Entwickeln und Vertiefen der Erfahrungen mit Geld
- Erfassen von Formulierungen wie „Erstausstattung" und „monatlich"

Zur Thematik:

Wahrscheinlich gibt es Kinder in der Klasse, die zu Hause einen Wellensittich haben. Ein Gespräch, das die Erfahrungen dieser Kinder mit ihren Wellensittichen oder anderen Vögeln einbezieht, wird zur Sinnerfassung beitragen.

Die Bearbeitung der Blätter 6 bis 10 gibt Gelegenheit, über die Kosten, die bei der Haustierhaltung entstehen, zu reflektieren. Oft muss das Haustier gekauft werden. Außerdem werden gewisse Gegenstände für die Haustierhaltung benötigt, die einmalig angeschafft werden müssen. Dazu kommen dann regelmäßige Kosten, die durch Futter und andere Verbrauchsmaterialien, etwa Streu, entstehen.

Zum Vorgehen:

Was bei *Aufgabe 1* zur Erstausstattung gerechnet wird, kann in einem Gespräch geklärt werden oder aber jedem Kind zur Entscheidung überlassen bleiben. Sicher liegen hier auch unterschiedliche Erfahrungen der Kinder vor. Mancher verzichtet eventuell zunächst auf ein Badehäuschen. Auf Futter und Sand aber sollte bei der Erstausstattung nicht verzichtet werden.

Bei *Aufgabe 2* ist zu bedenken, dass der Wellensittich täglich Wasser, Futter und Sand benötigt.

Pro Monat werden etwa Sand für 2.50 Fr., Vogelfutter für 5.00 Fr. und ein Hirsekolben zu 3.00 Fr. benötigt, d. h., 10.50 Fr. werden pro Monat benötigt.

Zur Lösung:

Mit Sand und Futter sind es 78.80 Fr. (ohne Badehäuschen 74.50 Fr.).

Das Restgeld beträgt 11.20 Fr. (15.50 Fr.). Es reicht noch für einen Monat.

Markus hat 50 € gespart.
Er möchte sich dafür einen Goldhamster kaufen.

Goldhamster 8,00 €

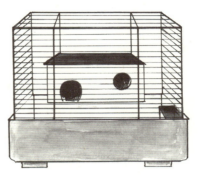

Käfig 25,00 €
(ohne Inhalt)

Laufrad 5,00 €

500 Gramm Körner-
futter 2,00 €
ausreichend für 2 Wochen

60 Liter Späne 4,00 €
ausreichend für 10 Wochen

Schreibe Fragen auf und rechne!

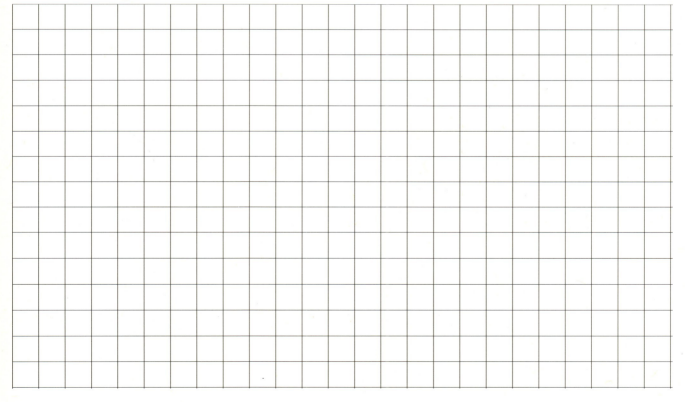

Hinweise zum Arbeitsblatt

Schwerpunkte:

- Entwickeln von Erfahrungen zur Ausgabenplanung
- Entwickeln des proportionalen Denkens
- Entwickeln von Fragestellungen aus einer Sachsituation
- Auswahl eines geeigneten Lösungsweges zur Berechnung der Kosten
- Entwickeln und Vertiefen der Erfahrungen mit Geld
- Entwickeln des aktiven Gebrauchs von Formulierungen wie „Erstausstattung" und „monatlich"

Zur Thematik:

Einige Kinder hatten vielleicht schon Hamster oder Mäuse als Haustiere. Ein Gespräch, das die Erfahrungen der Kinder mit Hamstern oder anderen Haustieren einbezieht, wird zur Sinnerfassung beitragen.

Die Bearbeitung der Blätter 6 bis 10 gibt Gelegenheit, über die Kosten, die bei der Haustierhaltung entstehen, zu reflektieren. Oft muss das Haustier gekauft werden. Außerdem werden gewisse Gegenstände für die Haustierhaltung benötigt, die einmalig angeschafft werden müssen. Dazu kommen dann regelmäßige Kosten, die durch Futter und andere Verbrauchsmaterialien, etwa Streu, entstehen.

Zum Vorgehen:

Sinnvolle Fragen werden sich aus dem Gespräch ergeben, z. B.:
Was muss Markus kaufen, damit er einen Goldhamster unterbringen und versorgen kann?
Was kostet der Hamster zusammen mit der Erstausstattung?
Woran muss Markus noch denken, wenn er einen Goldhamster kauft?
Wie viel Geld muss Markus monatlich für Futter und Späne einplanen?
Die Kinder können selbstständig Fragen formulieren und sie dann beantworten.

Zur Lösung:

Die Erstausstattung kostet mit Futter und Spänen 44 €. Es bleiben vom Ersparten 6 € übrig. Dafür könnte Markus noch Körnerfutter kaufen. Dann hätte Markus Futter für insgesamt acht Wochen. Die Späne reichen ohnehin 10 Wochen. Für zehn Wochen benötigt Markus 14 € für Späne und Futter.

Tiere

Daniel möchte sich ein Aquarium einrichten. Seine Eltern schenken ihm das Komplett-Set zum Geburtstag. Oma gibt ihm 20 €. Von seinem Bruder bekommt er noch 5 €.

Was könnte sich Daniel dafür kaufen?
Notiere verschiedene Möglichkeiten!

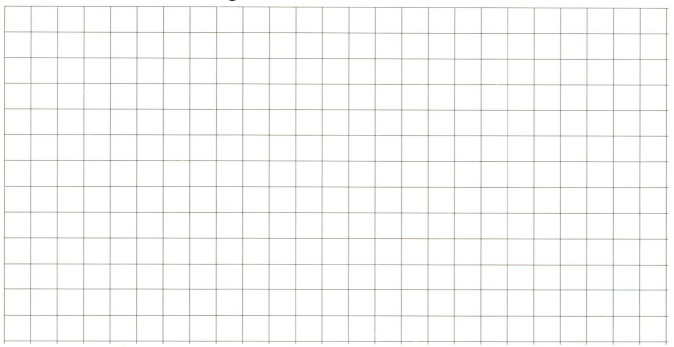

Aquarium komplett	**Kies**	**Fischfutter 100 ml**
50,00 €	8,00 €	ausreichend für 4 Wochen 3,00 €
Schleier-schwanz	**Wels**	**Schwert-träger**
1 Stück 5,00 €	1 Stück 4,00 €	1 Stück 2,00 €
Neons	**Guppys**	**Blackmollys**
10 Stück 10,00 €	1 Stück 1,00 €	1 Stück 3,00 €

Hinweise zum Arbeitsblatt

Schwerpunkte:

- – Entwickeln von Erfahrungen zur Ausgabenplanung
- – Entwickeln des proportionalen Denkens
- – Treffen von Entscheidungen in einer Sachsituation
- – Auswahl eines geeigneten Lösungsweges zur Berechnung der Kosten
- – Entwickeln und Vertiefen der Erfahrungen mit Geld
- – Entwickeln des aktiven Gebrauchs von Formulierungen wie „Erstausstattung" und „monatlich"

Zur Thematik:

Manche Kinder haben zu Hause ein Aquarium mit Fischen. Ein Gespräch, das die Erfahrungen der Kinder mit Aquarien einbezieht, wird zur Sinnerfassung beitragen.

Die Bearbeitung der Blätter 6 bis 10 gibt Gelegenheit, über die Kosten, die bei der Haustierhaltung entstehen, zu reflektieren. Oft muss das Haustier gekauft werden. Außerdem werden gewisse Gegenstände für die Haustierhaltung benötigt, die einmalig angeschafft werden müssen. Dazu kommen dann regelmäßige Kosten, die durch das zu kaufende Futter entstehen.

Zum Vorgehen:

Das Blatt kann gut in kleinen Gruppen bearbeitet werden. Die Kinder können in der Gruppe besprechen, wie viel Geld zum Kaufen von Fischen verbleibt, und dann verschiedene Möglichkeiten für den Kauf von Fischen vorschlagen, diskutieren und schließlich notieren. Es muss ja nicht jede angegebene Fischart gekauft werden. Es können aber von einer oder mehreren Arten mehr als ein Fisch gekauft werden.

Schneiden die Kinder die Kärtchen aus, können sie die ausgewählten Fischarten gesondert legen und die Anzahl jeweils dazu vermerken.

Zur Lösung:

Das Aquarium mit Pumpe und Beleuchtung hat Daniel zum Geburtstag von seinen Eltern bekommen. Kies, Fische und Fischfutter kann Daniel von den insgesamt 25 € kaufen. Kies und Fischfutter kosten zusammen 11 €. Von den verbleibenden 14 € kann Daniel Fische kaufen.

Tiere

Steffen wünscht sich einen Hund. Die Kosten für Zubehör und Futter soll er alleine tragen. Wie viel Geld benötigt er?

Halsband
7,00 € / 11 Fr.

Leine
10,00 €/ 15 Fr.

Hundebürste
5,00 €/ 8 Fr.

Körbchen
20,00 € / 30 Fr.

Futter- und Wassernapf
je 2,50 € / 3.50 Fr.

Futterdose
je Tag 1,49 € / 2.39 Fr.

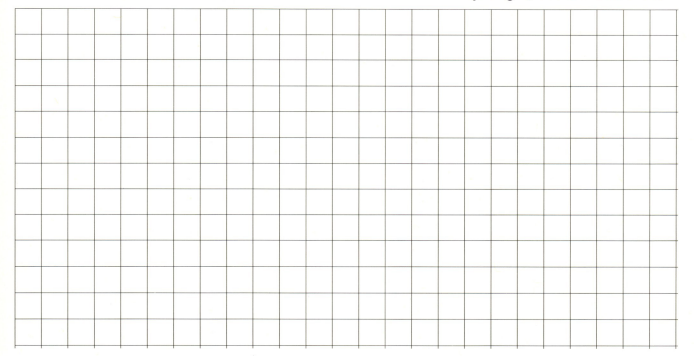

Hinweise zum Arbeitsblatt

Schwerpunkte:

- – Entwickeln von Erfahrungen zur Ausgabenplanung
- – Entwickeln des proportionalen Denkens
- – Treffen von Entscheidungen in einer Sachsituation
- – Auswahl eines geeigneten Lösungsweges zur Berechnung der Kosten
- – Entwickeln und Vertiefen der Erfahrungen mit Geld
- – Entwickeln des aktiven Gebrauchs von Formulierungen wie „Erstausstattung" und „monatlich"

Zur Thematik:

Einige Kinder in der Klasse haben oder wünschen sich einen Hund. Ein Gespräch, das die Erfahrungen der Kinder mit Hunden einbezieht, wird zur Sinnerfassung beitragen.

Die Bearbeitung der Blätter 6 bis 10 gibt Gelegenheit, über die Kosten, die bei der Haustierhaltung entstehen, zu reflektieren. Oft muss das Haustier gekauft werden. Außerdem werden gewisse Gegenstände für die Haustierhaltung benötigt, die einmalig angeschafft werden müssen. Dazu kommen dann regelmäßige Kosten, die durch das zu kaufende Futter entstehen.

Zum Vorgehen:

Hier kann davon ausgegangen werden, dass Steffen das gesamte angegebene Zubehör und das Futter bezahlen soll. Das Zubehör ist eine einmalige Anschaffung. Futter wird dagegen jeden Tag benötigt. Es ist deshalb zweckmäßig, die Ausgaben in zwei Gruppen zu gliedern.

Was muss Steffen für das Zubehör bezahlen?

Wie viel Geld benötigt Steffen pro Monat für das Futter?

Zur Lösung:

Zubehör: 47   € / 71   Fr.
Futter je Monat: 44,70 € / 71.70 Fr.

Pflanzen

1. Ordne die Bäume nach ihrer Höhe!
   Beginne mit dem höchsten Baum!

2. Berechne den Unterschied zwischen dem höchsten
   und dem niedrigsten Baum!

3. Ordne die Bäume nach ihrem maximalen Lebensalter!

4. Welche Bäume können mindestens doppelt so alt werden
   wie die Tanne?

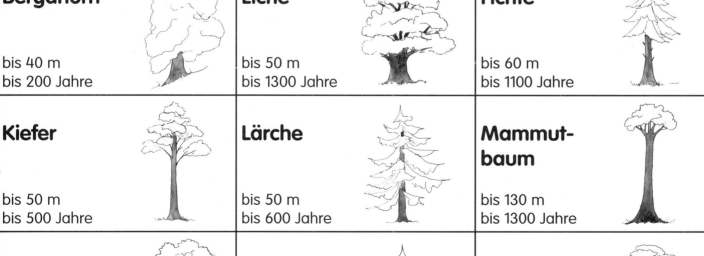

Bergahorn	**Eiche**	**Fichte**
bis 40 m bis 200 Jahre	bis 50 m bis 1300 Jahre	bis 60 m bis 1100 Jahre
Kiefer	**Lärche**	**Mammut-baum**
bis 50 m bis 500 Jahre	bis 50 m bis 600 Jahre	bis 130 m bis 1300 Jahre
Rotbuche	**Tanne**	**Zeder**
bis 40 m bis 900 Jahre	bis 70 m bis 500 Jahre	bis 40 m bis 1300 Jahre

Hinweise zum Arbeitsblatt

Schwerpunkte:

- Nutzen von quantitativen Vergleichen zur Umwelterschließung
- Entwickeln und Vertiefen von Vorstellungen zur Länge und zur Zeit
- Einbeziehen und Anreichern von Erfahrungen bezüglich Länge und Zeit
- Entwickeln und Vertiefen von Vorstellungen zu „höchsten", „niedrigsten", „maximal", „doppelt so …"
- Erwerben von Arbeitsstrategien

Zur Thematik:

Etwas über das Alter und die Höhe von Bäumen zu erfahren, sollte für Kinder dieser Altersgruppe interessant sein. Eine enge Verbindung zum Sachkundeunterricht erweist sich als sinnvoll.

Zweckmäßig wird sein, bei diesem Blatt mit den Kindern über die Formulierung „bis … Jahre" zu reflektieren. Damit ist gemeint, das Bäume dieser Art bis zu … Jahre alt werden können, aber nicht jeder Baum dieser Art so alt wird.

Zum Vorgehen:

Bei *Aufgabe 1* sollen die Kärtchen ausgeschnitten und dann nach den voneinander verschiedenen Gesichtspunkten in eine Reihenfolge gebracht werden. Dabei sind unterschiedliche Strategien möglich:

- Man wählt ein beliebiges Kärtchen und legt es auf den Tisch. Man wählt wieder ein beliebiges Kärtchen, vergleicht es mit dem bereits gelegten und platziert es je nach Ausgang des Vergleichs rechts oder links vom ersten usw.
- Man schaut alle Kärtchen an und wählt den Baum mit der kleinsten Höhe aus. Dann schaut man die verbliebenen Kärtchen an und wählt wieder den Baum mit der kleinsten Höhe aus usw.
  Bäume mit gleicher Höhe werden untereinander gelegt.

Die Höhe der Bäume sollte sichtbar gemacht werden. Man kann Bäume in der Nähe oder die Höhe des Schulgebäudes zum Vergleich heranziehen.

Bei *Aufgabe 2* sollte nicht nur die Differenz angegeben werden. Sinnvoll sind auch unterschiedliche Formulierungen wie: Der Höhenunterschied von Bergahorn und Mammutbaum beträgt 90 m. Der Mammutbaum kann 90 m höher werden als der Bergahorn.

Um die Zeitspannen bei *Aufgabe 3* erfassbar zu machen, die hier angegeben sind, kann man mit dem Alter von Dingen aus dem Umfeld der Kinder vergleichen, z. B. mit dem Alter des Ortes, von Dingen aus dem Heimatmuseum, der Kirche am Ort u. Ä. Hinsichtlich der Strategie des Ordnens gilt dasselbe wie bei Aufgabe 1.

Die Reihenfolge beim Ordnen nach dem Alter der Bäume weicht von der Reihenfolge beim Ordnen nach der Höhe ab. Darüber sollte mit den Kindern reflektiert werden.

Bei *Aufgabe 4* sind Schwierigkeiten beim Verständnis von „mindestens" und „doppelt so alt" zu erwarten. An einfach überschaubaren Sachverhalten kann die Bedeutung dieser Formulierungen erklärt werden. „Mindestens doppelt so viel" heißt „doppelt so viel oder noch mehr".

Zur Lösung:

Zu 1:	Bergahorn	Eiche	Fichte	Tanne	Mammutbaum
	Rotbuche	Kiefer			
	Zeder	Lärche			

Zu 2: 90 m

Zu 3:	Bergahorn	Kiefer	Lärche	Rotbuche	Fichte	Eiche
		Tanne				Mammutbaum
						Zeder

Zu 4: Eiche, Fichte, Mammutbaum und Zeder

Pflanzen

Sträucher sind die „kleinen Brüder" der Bäume.

1. Ordne die angegebenen Sträucher nach ihrer maximalen Höhe!
   Beginne mit dem niedrigsten Strauch!

   Heidelbeere bis 50 cm

   Preiselbeere bis 30 cm

   Stachelbeere bis 1 m 50 cm

   Haselnuss bis 4 m

   Sanddorn bis 2 m

   Schwarzer Holunder bis 7 m

2. Trage die maximalen Höhen ein!

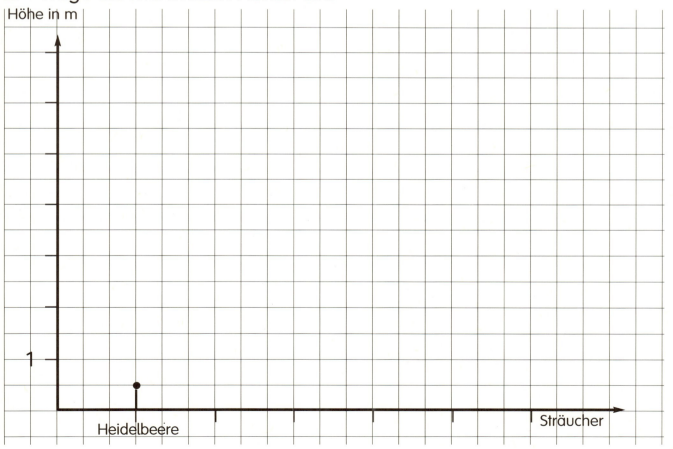

Hinweise zum Arbeitsblatt

Schwerpunkte:

- Nutzen von quantitativen Vergleichen zur Umwelterschließung
- Entwickeln und Vertiefen von Vorstellungen zur Länge
- Einbeziehen und Anreichern von Erfahrungen bezüglich Länge
- Entwickeln und Vertiefen von Vorstellungen zu „niedrigsten", „maximal"
- Entwickeln und Vertiefen von Erfahrungen mit Diagrammen
- Erwerben von Arbeitsstrategien

Zur Thematik:

Etwas über die Höhe von Sträuchern zu erfahren, sollte für Kinder dieser Altersgruppe interessant sein. Eine enge Verbindung zum Sachkundeunterricht erweist sich als sinnvoll.

Eine Darstellung der Strauchhöhen im Diagramm macht die Höhenunterschiede besonders anschaulich.

Zum Vorgehen:

Bei *Aufgabe 1* sollte die Höhe der Sträucher sichtbar gemacht werden. Man kann Sträucher in der Nähe oder die Höhe von vertrauten Gegenständen zum Vergleich heranziehen.

Beim Ordnen nach der Höhe empfiehlt sich die folgende Strategie:

Man schaut alle Höhenangaben an und wählt den Strauch mit der kleinsten Höhe aus und notiert ihn. In der Liste wird er gestrichen Dann schaut man die verbliebenen Höhenangaben an und wählt wieder den Strauch mit der kleinsten Höhe aus usw.

Bei *Aufgabe 2* ist die Höhe der Heidelbeere bereits durch eine Strecke im Diagramm eingetragen. Damit ist ein Muster vorgegeben. Die Höhen der anderen Sträucher sind an den entsprechenden Markierungen durch Strecken einzutragen. Schwierigkeiten sind bei den Höhen von 30 cm und 1 m 50 cm zu erwarten. Da 1 m durch zwei Kästchenlängen dargestellt wird, repräsentiert eine Kästchenlänge 50 cm.

30 cm sind etwas mehr als die Hälfte von 50 cm. Deshalb wird für 30 cm etwas mehr als die halbe Kästchenlänge gezeichnet.

Mit dem fertigen Diagramm sollte noch gearbeitet werden. Jetzt kann man die Höhen der Sträucher „auf einen Blick" vergleichen. Man sieht z. B., dass ein Haselnussstrauch doppelt so hoch wie ein Sanddornstrauch werden kann.

Zur Lösung:

Zu 1: Preiselbeere, Heidelbeere, Stachelbeere, Sanddorn, Haselnuss, Schwarzer Holunder

Menschen

Claudia möchte unbedingt schulterlanges Haar haben.
Ein Haar wächst in drei Tagen etwa einen Millimeter.

1. Um wie viel Millimeter wächst es in 12 Tagen?

Skizze

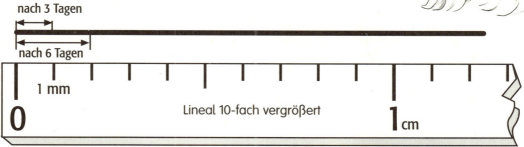

Antwort: _____

2. Um wie viel Millimeter wächst es in drei Wochen?

Skizze

Antwort: _____

3. Claudias Haare sind jetzt etwa 4 cm lang. Wie lange wird es dauern,
    bis sich Claudias Wunsch erfüllt hat?

    Notiere deine Überlegungen und rechne!

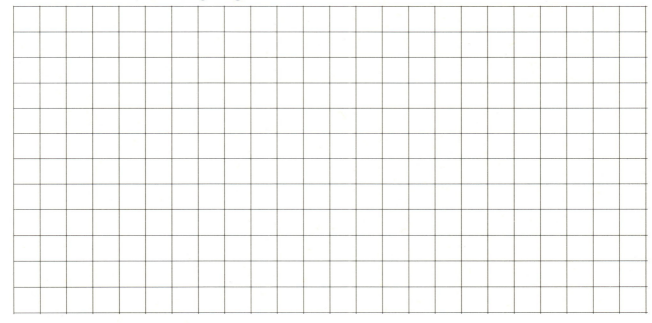

Hinweis: Ein Lineal kann ein gutes Hilfsmittel sein.

Hinweise zum Arbeitsblatt

Schwerpunkte:

- Entwickeln und Vertiefen von Vorstellungen zu Längen und Zeitspannen
- Erfassen von Größenordnungen im Vergleich
- Entwickeln von Erfahrungen im Nutzen von Zeichnungen zur Lösung von Aufgaben
- Entwickeln des proportionalen Denkens

Zur Thematik:

In den Blättern 13 bis 15 wird als Sachthema das Wachsen der Haare, der Fingernägel und schließlich der Kinder insgesamt gewählt. Für die quantitative Betrachtung des Themas kommen Größenvergleiche und Abhängigkeiten von der Zeit infrage. Ein Gespräch, das die Erfahrungen der Kinder mit einbezieht, wird zur Sinnerfassung beitragen.

Bei diesem Arbeitsblatt geht es darum, Vorstellungen zu den vorkommenden Längen und Zeitspannen zu entwickeln.

Die Entwicklung des proportionalen Denkens wird gefördert, wenn aus dem in drei Tagen erreichten Längenzuwachs auf den in anderen Zeitspannen geschlossen werden soll.

Zum Vorgehen:

Ein Einstieg in die Thematik könnte von den Erfahrungen der Kinder mit sich selbst ausgehen.

Wie oft müssen die Haare geschnitten werden? Wie viel wird dann abgeschnitten? Wie lange hat es gedauert, bis die Haare die jetzige Länge erreicht haben?

Bei *Aufgabe 1* sollte die Zeichnung genutzt werden, um folgende Überlegung zu unterstützen: In drei Tagen wächst das Haar um etwa 1 mm. In sechs Tagen wächst es dann doppelt so viel, also um 2 mm. In zwölf Tagen wächst es doppelt so viel wie in sechs Tagen, also 4 mm.

Bei *Aufgabe 2* ist die Überlegung aus Aufgabe 1 fortzusetzen: drei Tage ergeben 1 mm, 6 Tage ergeben 2 mm, 9 Tage ergeben 3 mm, …, 21 Tage ergeben 7 mm.

Bei *Aufgabe 3* ist zuerst zu klären, was mit schulterlangem Haar gemeint ist. Man könnte z. B. die Haarlänge bei einem Kind mit schulterlangem Haar ausmessen. Anschließend sollte auch mit der gemessenen Länge und nicht mit der in der Lösung unten angegebenen gearbeitet werden.

Eine schnelle Lösung wäre dann, die gemessene Länge um 4 cm zu verringern, sie in Millimeter umzurechnen und mit drei zu multiplizieren, da je Millimeter Zuwachs drei Tage nötig sind.

Aufwändiger, aber für einige Kinder sicher einsichtiger, ist ein langsames Herantasten an die Lösung:

Es ist zu klären, um wie viel die Haare länger werden müssen. Wurden z. B. 20 cm gemessen, müssen die Haare noch um 16 cm wachsen. Für einen Zentimeter Zuwachs braucht es 30 Tage, also einen Monat, denn ein Zentimeter sind 10 Millimeter. Für 16 cm braucht es dann 16 Monate.

Zur Lösung:

1. 4 mm

2. 7 mm

3. Schulterlanges Haar etwa 20 cm lang, das sind 200 mm, also muss Claudias Haar um etwa 160 mm wachsen. Das dauert etwa 480 Tage oder 16 Monate.

Menschen

Unsere Fingernägel wachsen in 10 Tagen etwa einen Millimeter.
Bei warmem Wetter wachsen sie schneller als bei kaltem.

1.   In wie viel Tagen können sie einen Zentimeter wachsen?

_____

_____

2.   Wie viel Zentimeter könnten sie in einem Jahr ungefähr wachsen?

_____

_____

3.   Kann man sie ein Jahr lang wachsen lassen, ohne sie zu kürzen?

_____

_____

4.   Wachsen Fingernägel oder Haare schneller?

_____

_____

_____

_____

Hinweise zum Arbeitsblatt

Schwerpunkte:

- Entwickeln und Vertiefen von Vorstellungen zu Längen und Zeitspannen
- Erfassen von Größenordnungen im Vergleich
- Entwickeln von Erfahrungen im Nutzen von Zeichnungen zur Lösung von Aufgaben
- Entwickeln des proportionalen Denkens

Zur Thematik:

In den Blättern 13 bis 15 wird als Sachthema das Wachsen der Haare, der Fingernägel und schließlich der Kinder insgesamt gewählt. Für die quantitative Betrachtung des Themas kommen Größenvergleiche und Abhängigkeiten von der Zeit infrage. Ein Gespräch, das die Erfahrungen der Kinder mit einbezieht, wird zur Sinnerfassung beitragen.

Bei diesem Arbeitsblatt geht es darum, Vorstellungen zu den vorkommenden Längen und Zeitspannen zu entwickeln.

Die Entwicklung des proportionalen Denkens wird gefördert, wenn aus dem in zehn Tagen erreichten Längenzuwachs auf den in anderen Zeitspannen geschlossen werden soll.

Zum Vorgehen:

Ein Einstieg in die Thematik könnte von den Erfahrungen der Kinder mit sich selbst ausgehen.

Wie oft müssen die Fingernägel geschnitten werden? Wie viel wird dann abgeschnitten?

Bei *Aufgabe 1* kann eine Zeichnung angefertigt werden, um folgende Überlegung zu unterstützen: In zehn Tagen wachsen die Fingernägel um etwa 1 mm. In 20 Tagen wachsen sie dann doppelt so viel, also um 2 mm. In 100 Tagen wachsen sie zehnmal so viel wie in zehn Tagen, also um 10 mm.

Bei *Aufgabe 2* ist die Überlegung aus Aufgabe 1 fortzusetzen: 300 Tage ergeben 30 mm, 60 Tage ergeben 6 mm, ein Jahr dann also 36 mm.

Die Antwort auf die Frage in *Aufgabe 3* zu begründen erfordert Argumente aus den Alltagserfahrungen der Kinder.

Die Frage aus *Aufgabe 4* ist aus dem eigenen Erleben der Kinder zu beantworten. Natürlich kann auch auf das Arbeitsblatt 13 Bezug genommen werden, falls es bereits bearbeitet worden ist.

Zur Lösung:

1. in 100 Tagen

2. 3,6 cm

3. Möglich ist das schon, doch man könnte dann nicht mehr wie gewohnt seine Finger gebrauchen, da die langen Fingernägel für viele Tätigkeiten ein Hindernis wären.

4. Haare wachsen schneller als Fingernägel.

Menschen

1. Oma wundert sich darüber, wie ihre Enkelin gewachsen ist. „Jetzt messe ich bei dir 1 m 48 cm. Seit dem letzten Jahr bist du 12 cm gewachsen.", sagt Oma.
   Was hat die Oma vor einem Jahr gemessen?

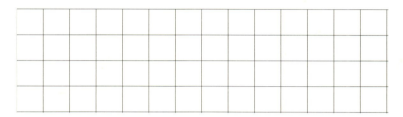

2. Bei einer Schuluntersuchung wird die Körperlänge der Schüler gemessen. Für Manuela wurden die Werte über mehrere Jahre in eine Tabelle eingetragen. Leider wurde das Eintragen in der 3. Klasse vergessen.
   Trage ein und begründe!

Klasse Datum	1 10.09.1999	2 15.09.2000	3 11.09.2001	4 10.09.2002
Körperhöhe	118 cm	125 cm		139 cm

3. Trage die Werte aus der Tabelle in ein Diagramm ein!

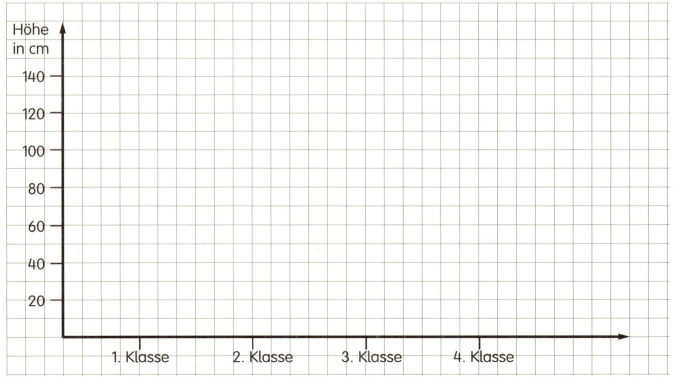

Hinweise zum Arbeitsblatt

Schwerpunkte:

- Vertiefen von Erfahrungen im Umgang mit Diagrammen
- Entwickeln und Vertiefen von Vorstellungen zu Längen und Zeitspannen
- Entwickeln des proportionalen Denkens

Zur Thematik:

In den Blättern 13 bis 15 wird als Sachthema das Wachsen der Haare, der Fingernägel und schließlich der Kinder insgesamt gewählt. Für die quantitative Betrachtung des Themas kommen Größenvergleiche und Abhängigkeiten von der Zeit infrage. Ein Gespräch, das die Erfahrungen der Kinder mit ihrem Körperwachstum einbezieht, wird zur Sinnerfassung beitragen.

Bei diesem Arbeitsblatt geht es darum, Vorstellungen zu den vorkommenden Längen und Zeitspannen zu entwickeln.

Die Entwicklung des proportionalen Denkens wird gefördert, wenn aus den angegebenen Körperlängen auf die in der 3. Klasse geschlossen werden soll.

Zum Vorgehen:

Ein Einstieg in die Thematik könnte von den Erfahrungen der Kinder mit sich selbst ausgehen:

Wie groß waren sie in der 1. Klasse, wie groß in den Folgejahren?

Schwierigkeiten können sich bei *Aufgabe 1* aus unzureichendem Textverständnis ergeben. Eine Skizze kann zum Verständnis des Sachverhalts beitragen:

```
                                           Jetzt
 ─────────────────────────────────▶
 12 cm gewachsen                            1 m 48 cm
```

Die *Aufgabe 2* erfordert das Interpolieren. Der gefragte Wert muss nach den Erfahrungen über menschliches Wachstum größer als 125 cm, aber kleiner als 139 cm sein. Er wird etwa in der Mitte zwischen diesen beiden Werten liegen, also etwa bei 132 cm.

Schwierigkeiten kann bei *Aufgabe 3* das Ermitteln der Streckenlängen machen, die die Körperlängen darstellen sollen.

Ein Zentimeter in der Zeichnung stellt 20 cm Körperlänge dar, also ein Millimeter zwei Zentimeter Körperlänge. 100 cm Körperlänge sind an der Längenachse eingetragen, 18 cm Körperlänge entsprechen noch einmal 9 mm. So kann die zur Körperlänge von 118 cm gehörende Streckenlänge gefunden werden.

Zur Lösung:

1. 136 cm

2. etwa 132 cm

3.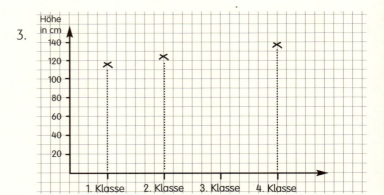

Selbsttest: Lebe ich gesund?

Anleitung: Kreuze das Zutreffende an! Markiere die zugehörige Punktzahl!
Addiere dann alle markierten Punkte!

1. **Wann stehst du morgens auf?**   Punkte

    ○ 30 Minuten vor Verlassen der Wohnung 2

    ○ 10 Minuten vor Verlassen der Wohnung 1

    ○ 60 Minuten vor Verlassen der Wohnung 3

2. **Wie viel Zeit planst du für dein Frühstück ein?**

    ○ 5 Minuten 1

    ○ 10 Minuten 3

    ○ gar keine Zeit 0

3. **Wie oft isst du frisches Obst oder Gemüse?**

    ○ täglich 3

    ○ dreimal in der Woche 2

    ○ am Wochenende 1

4. **Wie lange siehst du fern?**

    ○ nur am Wochenende zwei Stunden 3

    ○ täglich zwei Stunden 1

    ○ mehrmals in der Woche eine halbe 2
    bis eine Stunde

5. **Wie oft spielst du an der frischen Luft?**

    ○ nur im Sommer 1

    ○ fast jeden Tag 3

    ○ nur an jedem Wochenende 2

    Gesamtpunktzahl: _____

Auswertung:

13 – 15 Punkte: Super! Dein Tagesablauf ist in Ordnung.

 9 – 12 Punkte: Ganz gut! Was könntest du noch verbessern?

 4 – 8 Punkte: Nicht schlecht! Doch wenn du die Fragen noch einmal durchgehst,
findest du sicher Dinge, die du leicht verbessern kannst.

Hinweise zum Arbeitsblatt

Schwerpunkte:

- Erfassen einer komplexen Anleitung
- Genaue Beachtung einer Arbeitsanleitung
- Erfassen der Bedeutung von Formulierungen wie „nur", „fast jeden", „täglich", „dreimal", „mehrmals" usw.

Zur Thematik:

In den Blättern 16 bis 21 geht es um die eigene Lebensweise, insbesondere um die Ernährung. Unter mathematischen Gesichtspunkten aber sind sehr unterschiedliche Bereiche angesprochen, so das Arbeiten nach einer komplexen Arbeitsanleitung, Größen wie Hohlmaße, Geld, Masse, Vergleichen, etwas Auswerten. Ein Gespräch, das die Erfahrungen der Kinder mit einbezieht, wird zur Sinnerfassung beitragen. Eine Verbindung zum Sachkundeunterricht bietet sich hier an. Die Bearbeitung des Blattes ist vielleicht auch Anregung, mit den Kindern über gesunde Lebensweise zu sprechen.

Zum Vorgehen:

Die erste Frage könnte mit den Kindern diskutiert werden: „Wann steht ihr morgens auf?" und „Wann geht ihr los?" Die Zeitspanne dazwischen ist für die Beantwortung der Frage entscheidend. Einige konkrete Beispiele sollten besprochen werden, etwa:

Paul steht um 7.00 Uhr auf und geht um 7.30 Uhr los. Paul steht also 30 Minuten vor Verlassen der Wohnung auf.

Es wird Situationen geben, in denen keine der vorgegebenen Antworten genau passt. Dann soll man sich für die Antwort entscheiden, die der eigenen Situation am nächsten kommt. Steht Paul 40 Minuten vor Verlassen der Wohnung auf, entscheide man sich für die Antwort „30 Minuten vor Verlassen der Wohnung".

Bei der Auswertung sind auch Aufforderungen enthalten, die die Kinder auf der Rückseite des Arbeitsblattes schriftlich beantworten können.

Ernährung

Zu einer gesunden Ernährung gehört ausreichend Flüssigkeit.

| morgens | vormittags | mittags | nachmittags | abends |

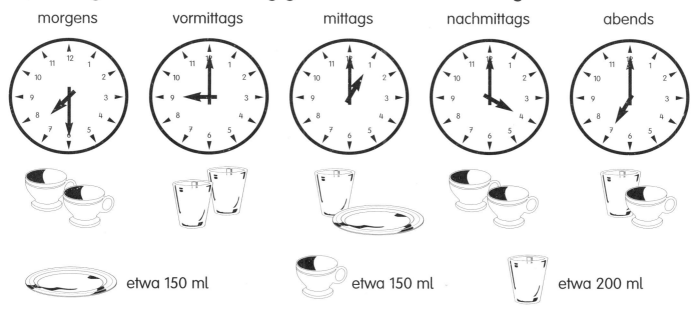

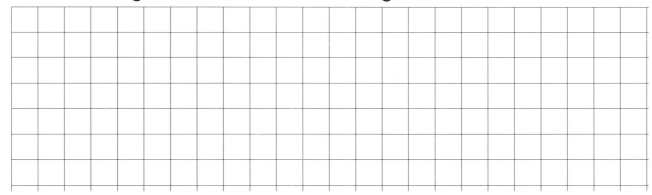

etwa 150 ml   etwa 150 ml   etwa 200 ml

1. Wie viel Flüssigkeit braucht ein Mensch täglich?

2. Schreibe oder zeichne auf, was und wie viel du an einem Tag trinkst!
   Vergleiche mit den Angaben oben!

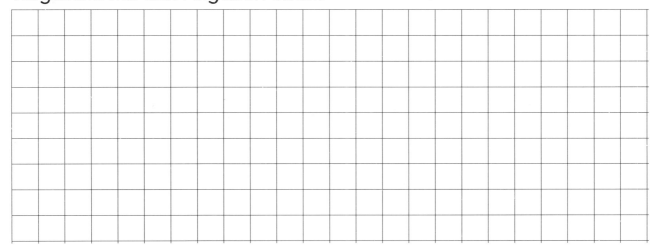

Hinweise zum Arbeitsblatt

Schwerpunkte:

- Vertiefen von Erfahrungen im Nutzen von Zeichnungen zur Lösung von Aufgaben und im Ermitteln bzw. Herauslesen von Angaben, die zur Lösung wichtig sind
- Entwickeln und Vertiefen von Vorstellungen zu Hohlmaßen
- Entwickeln des proportionalen Denkens

Zur Thematik:

In den Blättern 16 bis 21 geht es um die eigene Lebensweise, insbesondere um die Ernährung. Unter mathematischen Gesichtspunkten aber sind sehr unterschiedliche Bereiche angesprochen, so das Arbeiten nach einer komplexen Arbeitsanleitung, Größen wie Hohlmaße, Geld, Masse. Ein Gespräch, das die Erfahrungen der Kinder mit ihren eigenen Trinkgewohnheiten einbezieht, wird zur Sinnerfassung beitragen. Ein Vergleich der angegebenen Mengen mit den eigenen Trinkgewohnheiten sollte angestrebt werden.

Zum Vorgehen:

Was bei *Aufgabe 1* als ausreichend für einen Tag angesehen wird, ist im Bild durch die Darstellung der Gefäße angegeben. Es ist angebracht, mit geeigneten Gefäßen die Flüssigkeitsmenge zu überprüfen und die Gesamtmenge sichtbar zu machen. Eine Tasse, ein Teller, ein Becher und ein Messbecher sind dazu erforderlich.

Es gibt im Wesentlichen zwei Wege, um die Gesamtmenge zu ermitteln.

- Man zählt, wie oft die unterschiedlichen Gefäße vorkommen.

Tassen:	5,	also	150 ml · 5 =	750 ml
Becher:	4,	also	200 ml · 4 =	800 ml
Teller:	1,	also		150 ml
gesamt				1 700 ml

- Man erfasst, wie viel Flüssigkeit zu den einzelnen Zeiten getrunken werden sollen.

morgens:	300 ml
vormittags:	400 ml
mittags:	350 ml
nachmittags:	300 ml
abends:	350 ml
gesamt:	1 700 ml

Wird bei *Aufgabe 2* mit den Symbolen von Aufgabe 1 aufgezeichnet, was der Einzelne an einem Tag trinkt, kann verglichen werden, ohne die Gesamtmenge auszurechnen. Es kann sich z. B. ergeben, dass ein Schüler zwei Becher weniger trinkt, als in Aufgabe 1 angegeben ist, d. h., er trinkt etwa 400 ml zu wenig.

Ernährung

Für Lebensmittel muss im Haushalt Geld eingeplant werden.
Wie viel kostet unsere Nahrung?

1. Schreibe auf, was du an
   einem Tag isst und trinkst!
   Wie viel kostet das ungefähr?

Wochentag: _____

Mahlzeit	Speisen, Getränke, ...	Preis
Frühstück		
Zwischenmahlzeit		
Mittag		
Zwischenmahlzeit		
Abendbrot		
Sonstige Esswaren		
Gesamtkosten für diesen Tag		

2. Berechne die ungefähren Kosten für eine Woche!

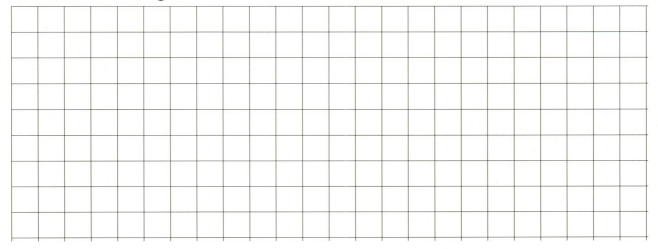

Hinweise zum Arbeitsblatt

Schwerpuhnkte:

- Vertiefen von Erfahrungen im Nutzen von Zeichnungen zur Lösung von Aufgaben und im Ermitteln bzw. Heraus-lesen von Angaben, die zur Lösung wichtig sind
- Entwickeln von Erfahrungen zur Ausgabenplanung
- Entwickeln und Vertiefen von Vorstellungen zu Kosten unserer Nahrung
- Entwickeln von Erfahrungen im Abschätzen von Größenordnungen
- Entwickeln des proportionalen Denkens

Zur Thematik:

In den Blättern 16 bis 21 geht es um die eigene Lebensweise, insbesondere um die Ernährung Unter mathematischen Gesichtspunkten aber sind sehr unterschiedliche Bereiche angesprochen, so das Arbeiten nach einer komplexen Arbeits-anleitung, Größen wie Hohlmaße, Geld, Masse. Ein Gespräch, das die Erfahrungen der Kinder mit ihren eigenen Essge-wohnheiten einbezieht, wird zur Sinnerfassung beitragen.

Zum Vorgehen:

Es kann zweckmäßig sein, *Aufgabe 1* dieses Blattes als Hausaufgabe in Zusammenarbeit mit den Eltern bearbeiten zu las-sen.

Wird die *Aufgabe 1* im Unterricht bearbeitet, könnten etwa die Kosten für das Frühstück gemeinsam im Unterrichtsge-spräch ermittelt werden. Daran können die Kinder erfahren, wie man die Kosten – ausgehend von Preisen für übliche Abpackungen – abschätzen kann. Der Preis für ein Brötchen, der Preis für einen Liter Milch, davon abgeleitet der Preis für eine Tasse Milch. Der Preis für ein Stück Butter, davon abgeleitet der Preis für die Butter, die auf ein Brötchen kommt, usw.

Die weiteren Teilaufgaben (Zwischenmahlzeit, Mittag, …) können dann in Gruppen bearbeitet werden.

Sind die Kosten für einen Tag ermittelt, kann daraus bei *Aufgabe 2* auf die Kosten für eine Woche geschlossen werden.

Es kann einfach mit 7 multipliziert werden.

Für manche Kinder wird es sinnvoll sein, die Wochentage und daneben die täglichen Kosten aufzulisten und dann erst einen Rechenweg zu wählen.

Ernährung

Partyrezept: Verhüllte Würstchen

Du brauchst für 8 Stück:

1 Packung Blätterteig
4 Scheiben Schmelzkäse
8 Miniwürstchen
1 Eigelb

1. Wie viele Würstchen würdest du für 6 Gäste zubereiten? Bedenke, dass die Würstchen klein sind. Schreibe auf, wie viel du von den Zutaten benötigst!

_____

_____

_____

_____

_____

2. Bevor du beginnst, bringe die Backanleitung in Ordnung!
   Lege mit Zahlen die Reihenfolge fest!

   ☐ Die Röllchen 20 Minuten ruhen lassen, dann mit dem verquirlten Ei bestreichen.

   ☐ Auf jedes Teigviereck eine halbe Käsescheibe legen und die Würstchen darin einwickeln.

   ☐ Den Blätterteig ausrollen und in 8 Stücke schneiden.

   ☐ Die eingewickelten Würstchen auf ein Backblech legen und bei 200 °C etwa 15 Minuten goldgelb backen. Guten Appetit!

3. Wie viel Zeit musst du für die Zubereitung einplanen? Begründe!

_____

_____

_____

Hinweise zum Arbeitsblatt

Schwerpunkte:

- Erfassen einer komplexen Anleitung
- Entwickeln und Vertiefen von Vorstellungen zu Nahrungsmengen
- Entwickeln von Erfahrungen im Abschätzen
- Entwickeln des proportionalen Denkens
- Sammeln von Erfahrungen im Ordnen von zeitlichen Abläufen

Zur Thematik:

In den Blättern 16 bis 21 geht es um die eigene Lebensweise, insbesondere um die Ernährung. Unter mathematischen Gesichtspunkten aber sind sehr unterschiedliche Bereiche angesprochen, so das Arbeiten nach einer komplexen Arbeitsanleitung, Größen wie Hohlmaße, Geld, Masse. Ein Gespräch, das die Erfahrungen der Kinder mit z. B. Geburtstagsfeiern einbezieht, wird zur Sinnerfassung beitragen.

Zum Vorgehen:

Bei *Aufgabe 1* ist zu beachten, dass die Menge der Zutaten natürlich von der Anzahl der Würstchen abhängt, die man für sechs Gäste zubereiten möchte. Da das Rezept von einer Packung Blätterteig ausgeht, macht es einen Sinn, ganzzahlige Vielfache des Grundrezepts zu nehmen, also 16 oder 24 verhüllte Würstchen zuzubereiten. Für die doppelte Anzahl Würstchen benötigt man auch die doppelte Menge Zutaten, für die dreifache Anzahl Würstchen benötigt man die Dreifache Menge Zutaten.

Aufgabe 2: Die Reihenfolge der Anleitung zu ermitteln erfordert, sich den gesamten Vorgang als Handlung vorzustellen. Um das inhaltliche Verständnis zu fördern, kann es für manche Kinder zweckmäßig sein, die Schritte der Anleitung nacherzählen zu lassen.

Die Beantwortung der Frage in *Aufgabe 3* gelingt nicht einfach durch Addieren der in der Anleitung angegebenen Zeiten. Es müssen noch die Zeiten für die Schritte 1 und 2 abgeschätzt werden. Es genügen vielleicht 10 bis 15 Minuten für das Ausrollen und Zerschneiden des Blätterteigs und das Zubereiten der Röllchen.

Zur Lösung:

1. bei verhüllten 16 Würstchen: 2 Packungen Blätterteig, 8 Scheiben Schmelzkäse, 16 Miniwürstchen und zwei Eigelb
   bei verhüllten 24 Würstchen: 3 Packungen Blätterteig, 12 Scheiben Schmelzkäse, 24 Miniwürstchen und drei Eigelb

3. etwa 45 bis 50 Minuten

Ernährung

In der Bäckerei Kühn ändert sich die Anzahl der zu backenden Mischbrote und Brötchen von Tag zu Tag:

	Anzahl der Brötchen	Anzahl der Mischbrote
Montag	1200	300
Dienstag	750	150
Mittwoch	800	150
Donnerstag	900	180
Freitag	1500	320
Samstag	3000	200

1. Welche der folgenden Fragen können mithilfe der Zahlenangaben beantwortet werden? Kreuze an!

☐ An welchem Tag werden die meisten Brote gebacken?

☐ Warum werden am Dienstag weniger Brote als am Montag gebacken?

☐ Wie viel Brötchen werden am Samstag mehr als am Freitag gebacken?

2. Formuliere eigene Fragen, die mithilfe der Tabelle beantwortet werden können! Stelle diese Fragen dann deinen Mitschülern!

_____

_____

_____

_____

_____

Hinweise zum Arbeitsblatt

Schwerpunkte:

- Vertiefen von Erfahrungen im Ermitteln bzw. Herauslesen von Angaben, die zur Lösung wichtig sind
- Entwickeln und Vertiefen von Vorstellungen zu Nahrungsmengen
- Erfassen der Bedeutung von Formulierungen wie „die meisten …", „weniger als …", „mehr als …"
- Gründliches Analysieren des Textes und Finden von geeigneten Fragen

Zur Thematik:

In den Blättern 16 bis 21 geht es um die eigene Lebensweise, insbesondere um die Ernährung. Unter mathematischen Gesichtspunkten aber sind sehr unterschiedliche Bereiche angesprochen, so das Arbeiten nach einer komplexen Arbeitsanleitung, Größen wie Hohlmaße, Geld, Masse. Ein Gespräch, das die Erfahrungen der Kinder beim Einkauf von Brot und Brötchen einbezieht, wird zur Sinnerfassung beitragen.

Zum Vorgehen:

Um *Aufgabe 1* zu bearbeiten, muss zunächst die Frage gründlich gelesen und erfasst werden. Dann muss man versuchen, aus den Zahlenangaben in der Tabelle eine Antwort zu finden. Das gelingt bei der ersten und dritten Frage, aber nicht bei der zweiten.

Bei *Aufgabe 2* sind nur Fragen gewünscht, die mit den Zahlenangaben der Tabelle beantwortet werden können.
Solche Fragen können z. B. sein:
    Wie viele Brötchen (Brote) bäckt der Bäcker in einer Woche?
    An welchem Tag werden die wenigsten Brötchen gebacken?
    Wie viel Brote werden am Dienstag weniger gebacken als am Montag?
    An welchem Tag werden doppelt so viel Brote gebacken wie am Dienstag?

Ernährung

Obst ist für eine gesunde Ernährung wichtig.

1. Schätze, wie schwer einige Früchte sind!
    Prüfe mit einer Waage!

Frucht	geschätzt	geprüft
Apfel		
Banane		
Erdbeere		
Kiwi		

2. Überprüfe, wie viel Obst du in einer Woche zu dir nimmst!

Tag	was	wie schwer
Montag		
gesamt:		

Hinweise zum Arbeitsblatt

Schwerpunkte:

– Entwickeln und Vertiefen von Vorstellungen zur Masse (zum Gewicht)
– Entwickeln von Erfahrungen im Abschätzen von Größenordnungen
– Entwickeln und Vertiefen von Vorstellungen zu Nahrungsmengen

Zur Thematik:

In den Blättern 16 bis 21 geht es um die eigene Lebensweise, insbesondere um die Ernährung. Unter mathematischen Gesichtspunkten aber sind sehr unterschiedliche Bereiche angesprochen, so das Arbeiten nach einer komplexen Arbeitsanleitung, Größen wie Hohlmaße, Geld, Masse. Ein Gespräch, das die Erfahrungen der Kinder einbezieht, wird zur Sinnerfassung beitragen.

Zum Vorgehen:

Es kann zweckmäßig sein, *Aufgabe 1* dieses Blattes als Hausaufgabe in Zusammenarbeit mit den Eltern bearbeiten zu lassen.

Man kann nicht davon ausgehen, dass die Kinder bereits Erfahrungen darüber erworben haben, wie schwer etwas ist. Das Arbeitsblatt kann dazu beitragen, Erfahrungen zu sammeln. Das erfordert aber, gegenständlich zu arbeiten, also Früchte und eine Waage bereitzustellen. Dann wird geschätzt, wie schwer ein Apfel ist. Dazu sollen die Kinder den Apfel in die Hand nehmen und die Schwere auf ihre Handfläche wirken lassen. Anschließend sollte der Apfel gewogen werden. Die weiteren Früchte können beim Schätzen mit den bereits gewogenen Früchten verglichen werden. (Eine Kiwi ist z. B. leichter als ein Apfel, aber schwerer als eine Erdbeere.)

Die Tabelle in *Aufgabe 2* soll im Laufe der Woche ausgefüllt werden. Dabei können die gemessenen Werte aus Aufgabe 1 verwendet werden, oder das Obst wird jeweils vor dem Verzehr gewogen.

Wasser

Kontrolliere deinen Wasserbedarf an einem Tag!

1. Notiere alle Tätigkeiten, bei denen du Wasser benötigst!
   Schätze jeweils die Menge Wasser!
   Prüfe die Eintragungen mit deinen Eltern!

Tätigkeit	geschätzt	geprüft
Gesamtmenge		

2. Berechne, wie viel Wasser du an einem Tag benötigst!

   _____

3. Schätze, wie viel Wasser deine ganze Familie an einem Tag benötigt!

   _____

Hinweise zum Arbeitsblatt

Schwerpunkte:

- Vertiefen von Erfahrungen im Ermitteln bzw. Herauslesen von Angaben, die zur Lösung wichtig sind
- Entwickeln und Vertiefen von Erfahrungen und Vorstellungen zu Hohlmaßen
- Erfassen von Größenordnungen
- Entwickeln des proportionalen Denkens

Zur Thematik:

Die Blätter 22 bis 26 bieten Sachsituationen zum Wasserverbrauch im Lebensumfeld der Kinder an. Unter mathematischen Gesichtspunkten sind sehr unterschiedliche Bereiche angesprochen, so das Schätzen, Rechnen, Vergleichen und der Umgang mit Hohlmaßen. Ein Gespräch, das die Erfahrungen der Kinder zum Wasserverbrauch bei ihren täglichen Verrichtungen einbezieht, wird zur Sinnerfassung beitragen. Der sparsame Umgang mit Wasser kann thematisiert werden.

Zum Vorgehen:

Bei *Aufgabe 1* sind einige Experimente zu empfehlen, die die Wassermenge bei Verrichtungen erfassen, wie beim Zähneputzen, beim Händewaschen usw. Ein Messbecher und ein Eimer sind hilfreich. Die Kinder müssen erst Erfahrungen sammeln, wie viel in einen Becher passt, wie viel Wasser beim Händewaschen oder bei der WC-Spülung verbraucht wird.

Dann könnten die Kinder in Gruppenarbeit die Tätigkeiten zusammentragen, bei denen Wasser benötigt wird, und die benötigte Wassermenge jeweils schätzen.

Zu Hause mit den Eltern sollten die geschätzten Werte überprüft und gegebenenfalls korrigiert werden.

Beim Bearbeiten von *Aufgabe 2* können sich Schwierigkeiten beim Ermitteln der Gesamtmenge daraus ergeben, dass einige Verbrauchswerte in Liter und andere in Milliliter gegeben sind.

Man kann z. B. erst die Mengen, die in Milliliter angegeben sind, zusammenfassen und in Liter umrechnen (z. B. 800 ml für Trinken und 400 ml für Zähneputzen ergeben zusammen rund 1 l Wasser).

Beim Schätzen des Wasserverbrauchs der Familie – *Aufgabe 3* – ist die Anzahl der Personen zu berücksichtigen. Außerdem kommen aber einige Tätigkeiten hinzu, die das Kind im Allgemeinen nicht ausführt, wie Wäsche waschen und Kochen. Der Wasserbedarf für diese Tätigkeiten muss noch abgeschätzt und hinzugerechnet werden.

Wasser

Duschen oder Baden?

Für ein Vollbad sind etwa 120 Liter Wasser erforderlich. Beim Duschen kommt man mit etwa 30 Liter Wasser aus.

1. Wie viel Wasser ist in einem Monat nötig,

   • um täglich ein Vollbad zu nehmen?

   _____

   _____

   • um täglich einmal zu duschen?

   _____

   _____

   • um einmal in der Woche zu baden
   und sonst zu duschen?

   _____

   _____

2. Rechne den wöchentlichen Wasserbedarf deiner Familie für Duschen und Baden aus! Wie viel Eimer Wasser sind das?

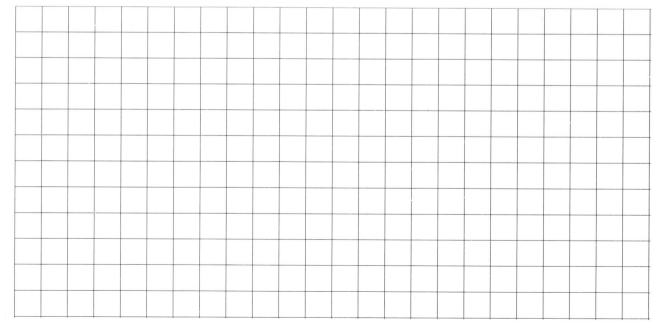

Hinweise zum Arbeitsblatt

Schwerpunkte:

- Vertiefen von Erfahrungen im Ermitteln bzw. Herauslesen von Angaben, die zur Lösung wichtig sind
- Entwickeln bzw. Vertiefen von Handlungsvorstellungen zur Multiplikation
- Entwickeln und Vertiefen von Erfahrungen und Vorstellungen zu Hohlmaßen
- Erfassen von Größenordnungen
- Entwickeln des proportionalen Denkens

Zur Thematik:

Die Blätter 22 bis 26 bieten Sachsituationen zum Wasserverbrauch im Lebensumfeld der Kinder an. Unter mathematischen Gesichtspunkten sind sehr unterschiedliche Bereiche angesprochen, so das Schätzen, Rechnen, Vergleichen und der Umgang mit Hohlmaßen. Ein Gespräch, das die Erfahrungen der Kinder zum Wasserverbrauch bei ihren täglichen Verrichtungen einbezieht, wird zur Sinnerfassung beitragen.

Zum Vorgehen:

Dass bei *Aufgabe 1* einfach 120 l mit 30 zu multiplizieren sind, werden einige Kinder schnell erfassen, andere aber werden diese Aufgabe nicht so schnell allein finden. Hier kann es hilfreich sein, den täglichen Bedarf von 120 l Wasser für das Baden deutlich sichtbar zu machen.

Ein Monat hat 30 Tage: 1. Tag: 120 l / 2. Tag: 120 l / ...   30 mal werden 120 l Wasser notwendig sein. Entsprechendes gilt für den Wasserbedarf beim täglichen Duschen.

Für den Fall, dass einmal in der Woche gebadet, sonst geduscht wird, kann der Wasserbedarf auf verschiedenen Wegen ermittelt werden, z. B.:
Es wird 4 mal im Monat gebadet und 26 mal geduscht, also 4 mal 120 l und 26 mal 30 l Wasser.

Für das Baden werden 90 l Wasser mehr benötigt als für das Duschen.
Also benötigt man 4 mal 90 l mehr als wenn man jeden Tag nur duscht.

Die Lösung der *Aufgabe 2* erfordert eigentlich die Berücksichtigung der Anzahl der Personen in der Familie und auch die Gewohnheiten bezüglich des Duschens und Badens der einzelnen Personen in der Familie. Man könnte eine Tabelle anfertigen und dort den Wasserverbrauch für jedes Familienmitglied und jeden Wochentag eintragen lassen.

	Mo	Di	Mi	Do	Fr	Sa	So
Papa							
Mama							
ich							

Ist die Tabelle dann nach einer Woche ausgefüllt, kann der Bedarf ausgerechnet werden.

Ergibt sich für eine dreiköpfige Familie ein Wasserbedarf von 900 l pro Woche, so lässt sich durch Probieren schnell die Anzahl der Eimer Wasser (je Eimer 10 l) ermitteln:

 1 Eimer   10 l;   2 Eimer   20 l; ...   10 Eimer   100 l
10 Eimer 100 l;   20 Eimer 200 l; ...   90 Eimer   900 l

Man kann sich aber auch mit einem vereinfachten Modell für eine dreiköpfige Familie zufrieden geben. Jedes Familienmitglied badet einmal in der Woche. An den anderen Tagen duscht es.

Zur Lösung:

1. Täglich Baden: 3 600 l;   täglich Duschen: 900 l;   einmal in der Woche Baden, sonst Duschen: 1 260 l

Wasser

Trinkwasser ist kostbar, denn es muss vor dem Gebrauch aufbereitet und in die Haushalte geleitet werden. Darum soll man mit Wasser sparsam umgehen. Tropfende Wasserhähne verschwenden Wasser. Untersuche, wie lange es dauert, bis ein Liter Wasser aus einem Wasserhahn getropft ist!

Anleitung:

a) Lass zunächst in einen Becher 5 Minuten lang Wasser tropfen! Markiere den Wasserstand!

b) Fülle das Wasser aus dem Becher in einen 1-Liter-Messbecher!

c) Lass Wasser bis zur Markierung in den Becher und schütte das Wasser dann in den Messbecher! Wiederhole den Vorgang, bis im Messbecher ein Liter Wasser ist! Zähle, wie oft du den Vorgang wiederholen musst! Notiere mit Strichen!

1. Wie viel Minuten würde der Wasserhahn tropfen, bis ein Liter Wasser herausgetropft wäre?

_____

_____

2. Wie viel Liter Wasser würde verschwendet, wenn der Hahn einen Tag lang tropft?

_____

_____

3. Wie viel Liter Wasser gingen in einem Jahr nutzlos verloren?

_____

_____

Hinweise zum Arbeitsblatt

Schwerpunkte:

– Vertiefen von Erfahrungen im Nutzen von Zeichnungen zur Lösung von Aufgaben und im Ermitteln bzw. Heraus-
  lesen von Angaben, die zur Lösung wichtig sind
– Entwickeln und Vertiefen von Vorstellungen zu Hohlmaßen
– Erfassen von Größenordnungen
– Einbeziehen und Anreichern von Erfahrungen bezüglich Hohlmaßen
– Entwickeln des proportionalen Denkens

Zur Thematik:

Die Blätter 22 bis 26 bieten Sachsituationen zum Wasserverbrauch im Lebensumfeld der Kinder an. Unter mathematischen Gesichtspunkten sind sehr unterschiedliche Bereiche angesprochen, so das Schätzen, Rechnen, Vergleichen und der Umgang mit Hohlmaßen. Ein Gespräch, das die Erfahrungen der Kinder mit tropfenden Wasserhähnen einbezieht, wird zur Sinnerfassung beitragen.

Zum Vorgehen:

Die durch das Experiment zu beantwortende Hauptfrage ist die Frage unter *Aufgabe 1*. Zunächst wäre es doch nahe liegend, sich mit einem 1-Liter-Becher und einer Uhr zu einem tropfenden Wasserhahn zu begeben und dann abzuwarten, bis ein Liter Wasser aus dem Hahn getropft ist. Dies würde jedoch ziemlich lange dauern.

Die Anleitung zeigt nun, wie man die Frage in kürzerer Zeit beantworten kann.

Man lässt Wasser aus einem Wasserhahn 5 Minuten lang in einen Becher tropfen. Jetzt weiß man, welche Menge Wasser in 5 Minuten aus dem Hahn tropft. Man markiert am Becher den Stand, damit man den Füllstand wiederholen kann. Nun gießt man den Inhalt in einen 1-Liter-Messbecher. Man wiederholt den Vorgang so lange, bis sich ein Liter Wasser im Messbecher befindet. Man braucht aber das Wasser nicht mehr aus dem Hahn tropfen zu lassen, es genügt, den kleinen Becher bis zur Markierung zu füllen. Auf diese Weise ermitteln wir, wie oft jeweils 5 Minuten lang das Wasser aus dem Hahn tropfen muss, bis ein Liter Wasser herausgetropft ist.

5 min   5 min   5 min …

Man wähle den kleinen Becher nicht zu klein, denn in 5 Minuten können durchaus 50 bis 125 ml aus dem Hahn tropfen.

Bei *Aufgabe 2* knüpfen wir an das Ergebnis der Aufgabe 1 an. Nach Aufgabe 1 wissen wir jetzt, wie viele Minuten es dauert, bis ein Liter Wasser herausgetropft ist.
Nehmen wir an, es waren 70 Minuten.

70	min	1 Liter	
140	min	2 Liter	
210	min	3 Liter	
280	min	4 Liter	
350	min	5 Liter	350 min sind fast 360 min, also 6 Stunden.
12	Stunden	10 Liter	
24	Stunden	20 Liter	

Zur Bearbeitung von *Aufgabe 3* kann mit dem Ergebnis von Aufgabe 2 auf den Verlust in einem Jahr geschlossen werden, 360 mal gehen 20 Liter Wasser verloren.

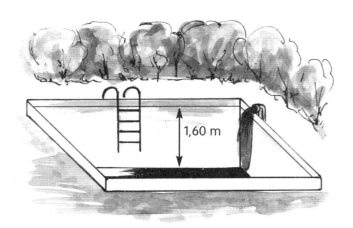

1,60 m

Pit freut sich. Im Frühjahr wird nämlich der Swimmingpool wieder gefüllt. Nach einer Stunde steht das Wasser im Pool 8 cm hoch.

1. Wie lange dauert es,
    bis das Becken halb voll ist?
    Fertige zur Lösung der Aufgabe
    auch eine Skizze an!

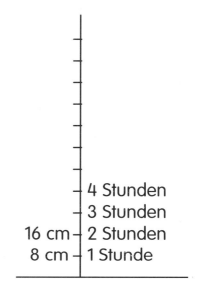

16 cm — 2 Stunden
8 cm — 1 Stunde
4 Stunden
3 Stunden

2. Wie lange dauert es, bis das Becken gefüllt ist?

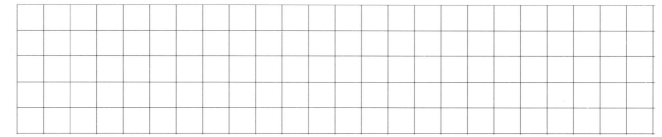

3. Die Nachbarn von Pit haben ebenfalls einen Swimmingpool. Er ist genauso breit und tief, aber nur halb so lang. Wie lange dauert es, dieses Becken zu füllen?

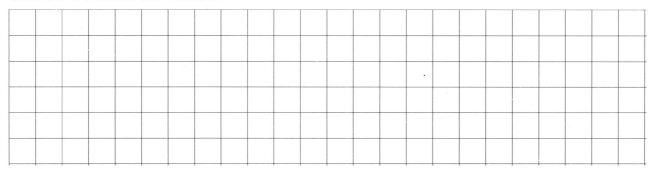

Hinweise zum Arbeitsblatt

Schwerpunkte:

– Vertiefen von Erfahrungen im Nutzen von Zeichnungen zur Lösung von Aufgaben und im Ermitteln bzw. Heraus-
lesen von Angaben, die zur Lösung wichtig sind
– Erfassen von Größenordnungen
– Entwickeln des proportionalen Denkens

Zur Thematik:

Die Blätter 22 bis 26 bieten Sachsituationen zum Wasserverbrauch im Lebensumfeld der Kinder an. Unter mathematischen
Gesichtspunkten sind sehr unterschiedliche Bereiche angesprochen, so das Schätzen, Rechnen, Vergleichen und der
Umgang mit Hohlmaßen. Ein Gespräch, das die Erfahrungen der Kinder mit Swimmingpools und mit Einfüllvorgängen ein-
bezieht, wird zur Sinnerfassung beitragen und das Vorstellungsvermögen der Kinder fördern.

Zum Vorgehen:

Der Bearbeitung von *Aufgabe* 1 kann ein Experiment vorangestellt
werden.

Um den Vorgang des Füllens, der in gleichen Zeiten zu einem gleichen Ansteigen des Wasserstandes im Becken führt, für alle Kinder
erlebbar zu machen, kann im Unterricht ein gerades Gefäß gleich-
mäßig gefüllt und die Füllstandshöhe in Abhängigkeit von der Zeit
beobachtet werden. Die Flüssigkeit sollte gefärbt sein, mit einem
Stift wird nach 15 Sekunden die Füllhöhe am Gefäß markiert. Nach
weiteren 15 Sekunden wird die zweite Markierung angebracht und
das Einfüllen abgebrochen. Wie lange dauert es, bis das Gefäß halb
voll ist?

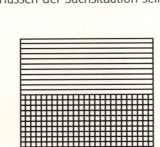

Jetzt können die Kinder eine Antwort auf die Frage durch gedankliche
Fortsetzung des Experiments finden.

Bei *Aufgabe 3* kann eine Skizze hilfreich für das Erfassen der Sachsituation sein.

Pit   Nachbar

Zur Lösung:

1. 10 Stunden

2. 20 Stunden

3. 10 Stunden

Wasser

Schneide aus! Ordne den Tätigkeiten den passenden Wasserbedarf zu!

Duschen	**WC spülen**	**Zähne putzen**
Wäsche waschen	**Geschirr spülen**	**Hände waschen**
Baden	**Wohnung reinigen**	**Auto waschen**
6 Liter	25 Liter	120 Liter
45 Liter	200 Milliliter	30 Liter
8 Liter	80 Liter	2 Liter

Hinweise zum Arbeitsblatt

Schwerpunkte:

- Entwickeln und Vertiefen von Erfahrungen und Vorstellungen zu Hohlmaßen
- Erfassen von Größenordnungen

Zur Thematik:

Die Blätter 22 bis 26 bieten Sachsituationen zum Wasserverbrauch im Lebensumfeld der Kinder an. Unter mathematischen Gesichtspunkten sind sehr unterschiedliche Bereiche angesprochen, so das Schätzen, Rechnen, Vergleichen und der Umgang mit Hohlmaßen. Ein Gespräch, das die Erfahrungen der Kinder zum Wasserverbrauch bei ihren täglichen Verrichtungen einbezieht, wird zur Sinnerfassung beitragen.

Zum Vorgehen:

Zu empfehlen ist, die benötigten Wassermengen bei einigen Verrichtungen messen zu lassen, z. B. beim Zähneputzen, beim Händewaschen usw. Ein Messbecher und ein Eimer sind hilfreich. Die Kinder müssen erst Erfahrungen sammeln, wie viel in einen Becher passt, wie viel Wasser beim Händewaschen oder bei der WC-Spülung verbraucht wird.

Dann können die Kinder in Gruppenarbeit die Zuordnung der Kärtchen vornehmen.

Man kann auch die Kärtchen nach der Größe der dort angegebenen Wassermenge ordnen und darüber reflektieren, bei welchen Tätigkeiten Wasser gespart werden kann. Hier bietet sich eine Verzahnung mit den Arbeitsblättern 22 und 23 an.

Zur Lösung:

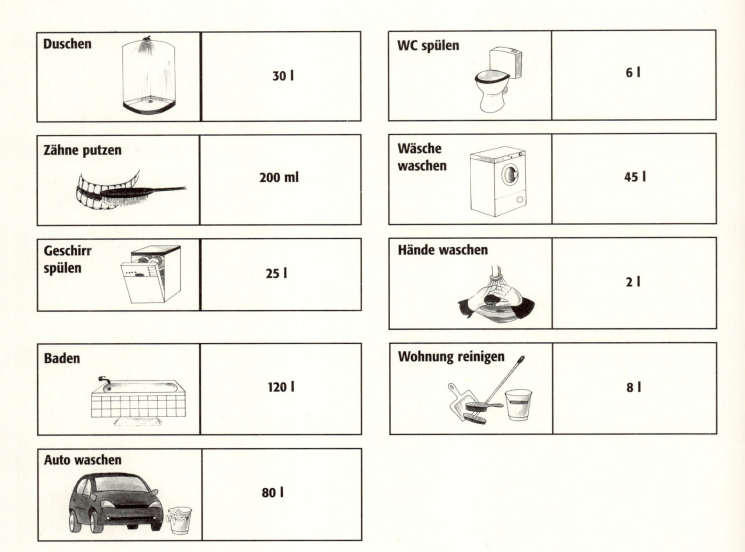

Duschen	30 l
WC spülen	6 l
Zähne putzen	200 ml
Wäsche waschen	45 l
Geschirr spülen	25 l
Hände waschen	2 l
Baden	120 l
Wohnung reinigen	8 l
Auto waschen	80 l

Verkehr

Schneide aus! Ordne den Bildern die passenden Geschwindigkeiten zu!
Beachte die verschiedenen Einheiten!

Wanderer	Auto	ICE
Flugzeug	**Schnecke**	**Brieftaube**
Radfahrer	**Rakete**	**100-Meter-Läufer**
250 km pro Stunde	**5 km** pro Stunde	**3 m** pro Stunde
8 km pro Sekunde	**10 m** pro Sekunde	**15 km** pro Stunde
900 km pro Stunde	**90 km** pro Stunde	**120 km** pro Stunde

Hinweise zum Arbeitsblatt

Schwerpunkte:

- Erwerben von Arbeitsstrategien
- Entwickeln und Vertiefen von Vorstellungen zur Geschwindigkeit
- Erfassen von Größenordnungen
- Einbeziehen und Anreichern von Erfahrungen bezüglich der Geschwindigkeit

Zur Thematik:

Die Blätter 27 bis 33 bieten Sachsituationen zum Verkehr im Lebensumfeld der Kinder an. Unter mathematischen Gesichtspunkten sind sehr unterschiedliche Bereiche angesprochen, so das Schätzen, Rechnen, Vergleichen und der Umgang mit Geschwindigkeiten und Massen. Ein Gespräch, das die Erfahrungen der Kinder mit den auf dem Blatt angeführten Bewegungen und Geschwindigkeiten einbezieht, wird zur Sinnerfassung beitragen.

Zum Vorgehen:

Es sind Bildern Geschwindigkeiten zuzuordnen. Dabei sind sowohl Maßzahlen als auch Einheiten zu beachten. Schwierigkeiten können sich daraus ergeben, dass einige Geschwindigkeiten in Meter pro Sekunde und andere in Kilometer pro Stunde, eine sogar in Kilometer pro Sekunde angegeben sind. Ein Umrechnen kommt noch nicht infrage.

Eine zweckmäßige Vorgehensweise könnte sein, von den Bildern auszugehen und zu jedem Bild eine passende Geschwindigkeit zu suchen. Bilder, bei denen man noch nicht recht weiß, welche Geschwindigkeit passt, lässt man zunächst aus.

In Gruppenarbeit können die Erfahrungen mehrerer Kinder zusammenfließen.

Zur Lösung:

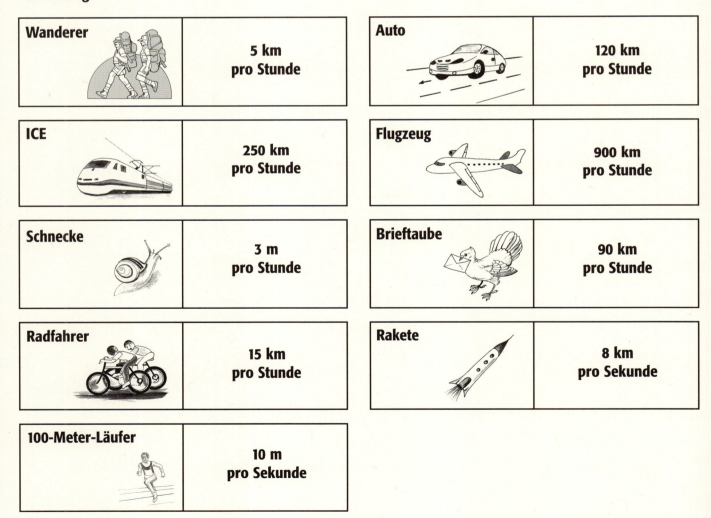

Wanderer	5 km pro Stunde	**Auto**	120 km pro Stunde
ICE	250 km pro Stunde	**Flugzeug**	900 km pro Stunde
Schnecke	3 m pro Stunde	**Brieftaube**	90 km pro Stunde
Radfahrer	15 km pro Stunde	**Rakete**	8 km pro Sekunde
100-Meter-Läufer	10 m pro Sekunde		

Verkehr

1. Max hat ein 24er Rad. Wenn sich das Hinterrad einmal herumdreht, ist er 192 cm gefahren. Wie weit kommt er jeweils?

    bei 2 Umdrehungen: _____

    bei 5 Umdrehungen: _____

    bei 10 Umdrehungen: _____

2. Untersuche, wie weit du mit deinem Fahrrad bei einer Umdrehung des Hinterrades fährst!

Ventil

    Anleitung:

    a) Drehe das Hinterrad so, dass das Ventil genau unten ist!
       Markiere die Stelle auf dem Weg!

    b) Schiebe das Rad weiter, bis das Ventil wieder unten ist.
       Markiere jetzt diese Stelle!

    c) Miss von Marke zu Marke!

3. Schätze, wie oft sich das Hinterrad deines Rades drehen muss, bis eine Strecke von einem Kilometer zurückgelegt ist!

    _____

    _____

    _____

Hinweise zum Arbeitsblatt

Schwerpunkte:

- Entwickeln bzw. Vertiefen von Handlungsvorstellungen zur Multiplikation
- Entwickeln von proportionalem Denken
- Entwickeln und Vertiefen von Erfahrungen zu Längen
- Entwickeln der Strategie des Probierens

Zur Thematik:

Die Blätter 27 bis 33 bieten Sachsituationen zum Verkehr im Lebensumfeld der Kinder an. Unter mathematischen Gesichtspunkten sind sehr unterschiedliche Bereiche angesprochen, so das Schätzen, Rechnen, Vergleichen und der Umgang mit Geschwindigkeiten und Massen. Ein Gespräch, das die Erfahrungen der Kinder mit ihrem Fahrrad einbezieht, wird zur Sinnerfassung beitragen.

Zum Vorgehen:

Beim Bearbeiten der *Aufgabe 1* kann eine Tabelle die Vorstellung, dass hier multipliziert werden soll, unterstützen.

1 Umdrehung: 192 cm
2 Umdrehungen: 192 cm und noch einmal 192 cm
3 Umdrehungen: 192 cm und 192 cm und 192 cm, also dreimal 192 cm
….

Es ist zweckmäßig, dass die *Aufgabe 2* von jeweils zwei Schülern gelöst wird, die sich gegenseitig helfen.

Bei der Lösung von *Aufgabe 3* ist es gar nicht nahe liegend, 1000 m durch den Weg zu dividieren, den das Rad bei einer Umdrehung des Hinterrades zurücklegt, obwohl das eine schnelle Lösung der Aufgabe brächte.

Nahe liegender ist wohl, wenn man sich durch Probieren schrittweise an die Lösung herantastet.

Hat ein Kind z. B. für eine Umdrehung 2,05 m gemessen, so sind das also rund zwei Meter pro Umdrehung.

1 Umdrehung	-	2 m
2 Umdrehungen	-	4 m
10 Umdrehungen	-	20 m
100 Umdrehungen	-	200 m
200 Umdrehungen	-	400 m
300 Umdrehungen	-	600 m
400 Umdrehungen	-	800 m
500 Umdrehungen	-	1000 m

Antwort: Ungefähr 500 mal muss sich das Hinterrad drehen. Man kann noch hinzufügen: Etwas weniger als 500 mal, da bei einer Umdrehung ja etwas mehr als 2 m zurückgelegt werden.

Zur Lösung:

1. 398 cm bei zwei Umdrehungen, 960 cm bei 5 Umdrehungen, 1920 cm bei 10 Umdrehungen

Pit und Mike sind mit dem Fahrrad gefahren. Pit legte in zwei Minuten eine Strecke von 600 m zurück. Mike schaffte in fünf Minuten 1400 m.

1. Finde heraus, wer schneller gefahren ist! Begründe deine Antwort!

    _____

    _____

    _____

    _____

2. Stimmen folgende Aussagen? Begründe jeweils deine Antwort!

    a) Wenn Pit in zwei Minuten 600 m fährt,
        schafft er in vier Minuten 1000 m.

        _____

        _____

    b) Wenn Mike in fünf Minuten 1400 m fährt,
        schafft er in 10 Minuten 2800 m.

        _____

        _____

3. Stellt fest, wie schnell einige Mitschüler mit dem Rad fahren!
    Überlegt, was zu messen ist! Schreibt die gemessenen Werte auf!

    _____

    _____

    _____

    _____

Hinweise zum Arbeitsblatt

Schwerpunkte:

- Vertiefen von Erfahrungen im Ermitteln bzw. Herauslesen von Angaben, die zur Lösung wichtig sind
- Treffen von Entscheidungen auf der Grundlage errechneter Ergebnisse
- Entwickeln bzw. Vertiefen von Vorstellungen zur Geschwindigkeit
- Entwickeln von proportionalem Denken
- Entwickeln und Vertiefen von Erfahrungen zu Längen

Zur Thematik:

Die Blätter 27 bis 33 bieten Sachsituationen zum Verkehr im Lebensumfeld der Kinder an. Unter mathematischen Gesichtspunkten sind sehr unterschiedliche Bereiche angesprochen, so das Schätzen, Rechnen, Vergleichen und der Umgang mit Geschwindigkeiten und Massen. Ein Gespräch über die Erfahrungen der Kinder mit ihrem Fahrrad, wird zur Sinnerfassung beitragen.

Zum Vorgehen:

Man sollte die Kinder das Problem in der *Aufgabe 1* diskutieren lassen. Die Argumente können von anderen Kindern bekräftigt oder auch widerlegt werden.

Unmittelbar vergleichbar sind die Angaben zu den Fahrten von Pit und Mike deshalb nicht, weil sowohl unterschiedliche Streckenlängen als auch unterschiedliche Zeiten zugrunde liegen.

Um die Fahrten vergleichbar zu machen, müssen wir sie auf gleiche Streckenlängen oder gleiche Zeiten umrechnen.

Man könnte folgendermaßen argumentieren: Wenn Pit in zwei Minuten 600 m zurücklegt, würde er in 4 Minuten 1200 m und in einer weiteren Minute noch einmal 300 m zurücklegen, also in fünf Minuten 1500 m. Er ist also schneller als Mike.

Eine andere Lösungsmöglichkeit besteht darin, zu ermitteln, wie viel Meter jeder der beiden in einer Minute zurücklegt. Das sind bei Pit 300 m. Würde Mike genau so schnell fahren, hätte er in 5 Minuten 1500 m zurückgelegt, er hat aber nur 1400 m geschafft, also müssen es in einer Minute weniger als 300 m gewesen sein. Pit fuhr also schneller.

Es genügt nicht, sich bei *Aufgabe 2* mit der Antwort „stimmt" bzw. „stimmt nicht" zu begnügen. Eine Entscheidung geht immer von zusätzlichen Annahmen aus, über die man sprechen muss.

Behält Pit sein Tempo bei, schafft er in vier Minuten 1200 m, d. h., die Aussage stimmt nicht.

Wird Pit aber langsamer, weil die Kräfte nachlassen, und er schafft in den zweiten zwei Minuten nur noch 400 m, dann stimmt die Aussage.

Die *Aufgabe 3* kann nur experimentell gelöst werden. Eine verkehrssichere Strecke, eine Stoppuhr, einige Kinder mit Fahrrad und Helm sind erforderlich. Jedes Kind sollte eine Aufgabe bei dem Experiment haben. Auch die Länge der Teststrecke sollte gemessen werden, weil sich dann weitere Aufgaben an das Experiment anschließen ließen. Ist die Teststrecke z. B. 200 m lang, dann könnte man die Zeit für 400 m bzw. 1000 m schätzen lassen.

Zur Lösung:

1. Pit ist schneller gefahren als Mike.

Verkehr

Mit einem Bus fahren im Berufsverkehr etwa 50 Personen zur Arbeit.

1. Wie lang ist ungefähr ein Bus?

_____

2. Schätze die Länge der Autoschlange, wenn 50 Personen
   mit einem eigenen Auto zur
   Arbeit fahren würden!

   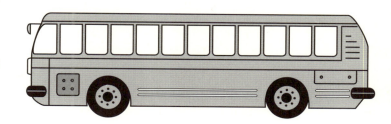

   Länge eines Autos plus Sicherheitsabstand

_____

_____

   Länge der gesamten Autoschlange

_____

_____

3. Vergleiche die Länge vom Bus mit der Länge der Autoschlange!

_____

_____

4. Um wie viel Meter wird die Autoschlange kürzer, wenn je zwei
   Personen gemeinsam mit einem Auto fahren?

_____

_____

_____

Hinweise zum Arbeitsblatt

Schwerpunkte:

- Sammeln von Erfahrungen im Ermitteln von Informationen, die zur Lösung erforderlich sind
- Entwickeln und Vertiefen von Erfahrungen zu Längen
- Entwickeln von proportionalem Denken

Zur Thematik:

Die Blätter 27 bis 33 bieten Sachsituationen zum Verkehr im Lebensumfeld der Kinder an. Unter mathematischen Gesichtspunkten sind sehr unterschiedliche Bereiche angesprochen, so das Schätzen, Rechnen, Vergleichen und der Umgang mit Geschwindigkeiten und Massen. Ein Gespräch, das die Erfahrungen der Kinder mit dem Berufsverkehr in einer Stadt einbezieht, wird zur Sinnerfassung beitragen.

Zum Vorgehen:

Zur Beantwortung der Frage in *Aufgabe 1* kann man im Klassenzimmer die Länge von einem Bus gut abschätzen, wenn man Stühle wie Bussitze hintereinander stellt. Man kommt auf etwa 10 m.

Es geht bei *Aufgabe 2* um eine Autoschlange von 50 Autos. Pro Auto sind etwa 4 m anzusetzen. Dazu kommt der Sicherheitsabstand von noch einmal ungefähr 6 m im dichten Stadtverkehr. Mit Spielautos kann die Situation nachgestellt werden. Es ergibt sich eine Autoschlange von ungefähr 50 mal 10 m Länge.

Aufgabe 3 lässt offen, wie der Vergleich formuliert wird.
Mögliche Antworten sind:

Die Autoschlange von 50 Autos ist länger als der Bus.

oder:

Die Autoschlange ist 490 m länger als der Bus.

besser:

Die Autoschlange ist ungefähr 50mal so lang wie der Bus.

Schwierigkeiten können sich beim Verständnis der *Aufgabe 4* („um wie viel Meter kürzer…") ergeben.

Fahren jeweils zwei Personen gemeinsam in einem Auto, sind nur noch halb so viele Autos erforderlich. Die Autoschlange ist nur noch halb so lang. Sie verkürzt sich um die Hälfte, d. h. um 250 m.

Verkehr

1. Zu jedem Auto gehört ein Fahrzeugbrief.
   In diesem Fahrzeugbrief stehen viele
   wichtige Angaben über das Fahrzeug.

   Schreibe aus dem Fahrzeugbrief
   zu eurem Auto folgende
   Angaben heraus:

	Prüfe durch Messen!
Länge:	Länge:
Breite:	Breite:
Höhe:	Höhe:
Leergewicht:	
Zulässiges Gesamtgewicht:	

2. Rechne aus, wie viel Kilogramm Zuladung mit dem Auto befördert
   werden dürfen!

3. Überprüfe vor einer Fahrt
   deiner Familie, wie viel Kilogramm Zuladung mit dem
   Auto transportiert werden!

Person oder Gepäckstück	Gewicht
ich	
Mutti	
Tasche	
Gesamtgewicht	

Hinweise zum Arbeitsblatt

Schwerpunkte:

– Entwickeln und Vertiefen von Vorstellungen zur Masse (zum Gewicht)
– Entwickeln von Erfahrungen im Messen von Massen (Gewichten)

Zur Thematik:

Die Blätter 27 bis 33 bieten Sachsituationen zum Verkehr im Lebensumfeld der Kinder an. Unter mathematischen Gesichtspunkten sind sehr unterschiedliche Bereiche angesprochen, so das Schätzen, Rechnen, Vergleichen und der Umgang mit Geschwindigkeiten und Massen. Es ist zweckmäßig, dieses Blattes als Hausaufgabe in Zusammenarbeit mit den Eltern bearbeiten zu lassen.

Zum Vorgehen:

Die *Aufgabe 1* sollte im Unterricht vorbereitet sein, bevor das Blatt als Hausaufgabe in Zusammenarbeit mit den Eltern bearbeitet wird.

Man sollte den Kindern die Kopie eines Fahrzeugbriefes in die Hand geben und dann mit ihnen die Fragen aus Aufgabe 1 beantworten. Wenn das Fahrzeug vor der Schule steht, kann auch das Messen an diesem Fahrzeug vorgenommen werden, um die Angaben aus dem Fahrzeugbrief zu überprüfen.

Anschließend sollten die Kinder *Aufgaben 1 bis 3* zu Hause übers Wochenende gemeinsam mit den Eltern bearbeiten.

Im Unterricht sollten die Kinder dann Gelegenheit erhalten, ihre Ergebnisse vorzustellen. Insbesondere kann man im Gespräch darauf eingehen, dass bei mehr Personen weniger Gepäck zugeladen werden kann.

Verkehr

Schnellzug 1000

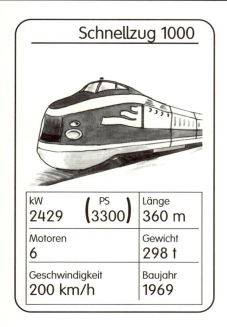

kW	PS	Länge
2429	(3300)	360 m
Motoren		Gewicht
6		298 t
Geschwindigkeit		Baujahr
200 km/h		1969

Supercity

kW	PS	Länge
15051	(20450)	72 m
Motoren		Gewicht
4		213 t
Geschwindigkeit		Baujahr
300 km/h		1991

Express

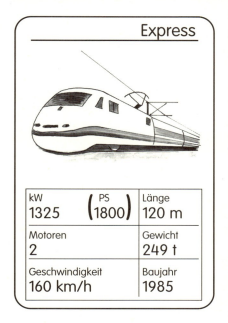

kW	PS	Länge
1325	(1800)	120 m
Motoren		Gewicht
2		249 t
Geschwindigkeit		Baujahr
160 km/h		1985

1. Formuliere zu den Spielkarten Fragen für deine Mitschüler!

   Beispiel: Welcher Zug ist am schwersten?

   _____

   _____

   _____

   _____

2. Formuliere zu den Spielkarten Fragen für deine Mitschüler!

   Beispiel: Wie viel Meter ist der Schnellzug länger als der Supercity?

   _____

   _____

   _____

   _____

Hinweise zum Arbeitsblatt

Schwerpunkte:

- Entwickeln der Fähigkeit, Fragen zu einer gegebenen Situation zu formulieren
- Entwickeln und Vertiefen von Vorstellungen zur Länge, zur Masse (zum Gewicht) und zur Geschwindigkeit
- Vertiefen von Erfahrungen im Vergleichen von Größen

Zur Thematik:

Die Blätter 27 bis 33 bieten Sachsituationen zum Verkehr im Lebensumfeld der Kinder an. Unter mathematischen Gesichtspunkten sind sehr unterschiedliche Bereiche angesprochen, so das Schätzen, Rechnen, Vergleichen und der Umgang mit Geschwindigkeiten und Massen.

Dieses Blatt knüpft an ein unter den Kindern beliebtes Kartenspiel an. Die abgebildeten Fahrzeuge können unter verschiedenen Gesichtspunkten miteinander verglichen werden.

Die auf den Karten gemachten Angaben sollten im Gespräch geklärt werden. In kW (Kilowatt) wird die Leistung der Motoren angegeben. Zum Vergleich: ein Pkw hat eine Leistung von ungefähr 40 bis 100 kW.

Zum Vorgehen:

Bei *Aufgabe 1* sollte jedes Kind vier Fragen formulieren. Dann sollte jedes Kind eine von seinen Fragen den anderen stellen dürfen.

Die Beispielfrage in *Aufgabe 2* gibt vor, an was gedacht ist. Fragen, die „wie viel Meter (Tonnen) länger bzw. kürzer (schwerer bzw. leichter)" oder „wie viel Kilometer pro Stunde schneller bzw. langsamer" verwenden, werden erwartet.

Verkehr

Peter war mit seinen Eltern auf dem Bahnhof. Er wollte die Länge eines Zuges ermitteln. Dazu schritt er die Länge eines Eisenbahnwagens ab. Er brauchte 54 Schritte. Seine Schrittlänge ist 50 cm.
Am Wagen las er folgende Angabe: Gewicht 36 t.

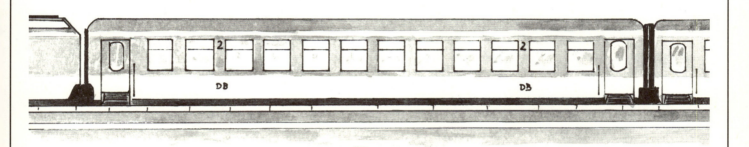

1. Wie lang war der Eisenbahnwagen?

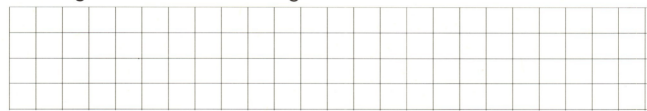

2. Berechne die Länge des gesamten Zuges, der aus 8 Wagen und der Lok besteht! Für die Lok zählte Peter 40 Schritte.

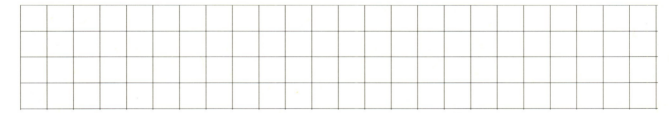

3. Berechne das Gewicht des leeren Zuges, wenn die Lok 100 t wiegt!

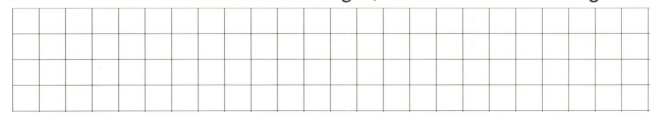

Hinweise zum Arbeitsblatt

Schwerpunkte:

- Vertiefen von Erfahrungen im Nutzen von Zeichnungen zur Lösung von Aufgaben und im Ermitteln bzw. Heraus-
  lesen von Angaben, die zur Lösung wichtig sind
- Entwickeln und Vertiefen von Erfahrungen zu Längen und Massen (Gewicht)
- Entwickeln von proportionalem Denken

Zur Thematik:

Die Blätter 27 bis 33 bieten Sachsituationen zum Verkehr im Lebensumfeld der Kinder an. Unter mathematischen
Gesichtspunkten sind sehr unterschiedliche Bereiche angesprochen, so das Schätzen, Rechnen, Vergleichen und der
Umgang mit Geschwindigkeiten und Massen.

Ein Gespräch, das die Kenntnisse der Kinder über die Länge von Eisenbahnzügen und deren Gewicht einbezieht, wird
zur Sinnerfassung beitragen.

Peters Vorgehensweise sollte besprochen werden. Sie sollte an vorhandenen längeren Strecken (z. B. Flur oder eine
Strecke auf dem Hof) ausprobiert werden. Dazu muss die Schrittlänge der Kinder ermittelt werden.

Zum Vorgehen:

Zur Bearbeitung der *Aufgabe 1* kann das Anlegen einer Tabelle empfohlen werden.

Anzahl der Schritte	Streckenlänge
1	50 cm
2	1 m
4	2 m
10	5 m
20	10 m
40	20 m
50	25 m
54	27 m

Bei der Lösung der *Aufgabe 2* kann eine Zeichnung sehr hilfreich sein.

Zeichnet man den Zug, der aus Lok und acht Wagen besteht, und schreibt an jedes Teil seine Länge, werden Rechen-
wege zum Ermitteln der Gesamtlänge des Zuges erkennbar.

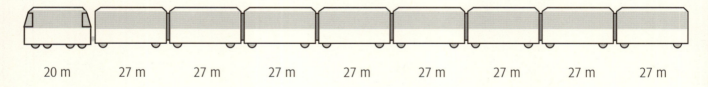

20 m	27 m	27 m	27 m	27 m	27 m	27 m	27 m	27 m

Analog zu Aufgabe 2 kann man zur Lösung der *Aufgabe 3* an die Lok und jeden Wagen das Gewicht schreiben.

Zur Lösung:

1. 27 m
2. 236 m
3. 388 t

Freizeit

Es gibt viele Dinge, die man in den Ferien tun kann. Roberts Sparschwein ist dafür gut gefüllt.

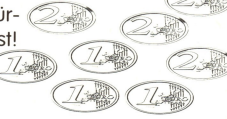

1. Was könnte Robert für sein gespartes Geld unternehmen? Plane mit den Karten verschiedene Möglichkeiten!

2. Schreibe auf, was du in den Ferien gern tun würdest und wie viel Geld du jeweils dafür brauchst!

_____

_____

_____

_____

_____

_____

_____

_____

Gesamt: _____

Besuch im Freiluftkino	Eis essen gehen
4,00 €	**3,00 €**

Minigolf spielen	Tretboot fahren
5,00 €	pro Stunde **5,00 €**

Besuch im Erlebnisbad	Reiten
3,00 €	pro Stunde **6,00 €**

Besuch im Tierpark	eigene Idee:
2,00 €	_____

Hinweise zum Arbeitsblatt

Schwerpunkte:

- Planen von Aktivitäten und Treffen von Entscheidungen auf der Grundlage von errechneten Ergebnissen
- Entwickeln und Vertiefen der Erfahrungen mit Geld
- Entwickeln von Erfahrungen zur Ausgabenplanung

Zur Thematik:

Die Blätter 34 bis 40 bieten Sachsituationen aus der Freizeitgestaltung der Kinder an. Unter mathematischen Gesichtspunkten sind sehr unterschiedliche Bereiche angesprochen, so das Rechnen, Vergleichen, Ausgabenplanen und die Größenbereiche Geld, Zeit und Länge. Ein Gespräch, das die Erfahrungen der Kinder mit Freizeitangeboten einbezieht, wird zur Sinnerfassung beitragen.

Zum Vorgehen:

Im Gespräch sind die Rahmenbedingungen zur Lösung der *Aufgabe 1* zu klären.

Robert kann sein gesamtes erspartes Geld ausgeben, er muss aber nicht alles aufbrauchen.

Er kann mehrere der auf den Kärtchen genannten Aktivitäten unternehmen, er kann aber auch eine der genannten Aktivitäten mehrmals unternehmen.

Jedes Kind soll voneinander verschiedene Möglichkeiten planen, d. h. mindestens zwei. Jede dieser Möglichkeiten kann mit den Kärtchen gelegt und dann auf der Rückseite des Arbeitsblattes notiert werden.

Es kann sinnvoll sein, *die Aufgabe 2* als Hausaufgabe zu geben, um den Kindern Gelegenheit zu geben, sich darüber mit ihren Eltern zu beraten.

Freizeit

Es gibt viele Dinge, die man in den Ferien tun kann.
Roberts Sparschwein ist dafür gut gefüllt.

1. Was könnte Robert für sein gespartes Geld
    unternehmen? Plane mit den Karten verschiede-
    ne Möglichkeiten!

2. Schreibe auf, was du in den Ferien gern tun wür-
    dest und wie viel Geld du jeweils dafür brauchst!

_____

_____

_____

_____

_____

_____

_____

Gesamt: _____

Besuch im Freiluftkino	Eis essen gehen
4.00 Fr.	**3.00 Fr.**

Minigolf spielen	Tretboot fahren
5.00 Fr.	pro Stunde **5.00 Fr.**

Besuch im Erlebnisbad	Reiten
3.00 Fr.	pro Stunde **6.00 Fr.**

Besuch im Tierpark	eigene Idee:
2.00 Fr.	

Hinweise zum Arbeitsblatt

Schwerpunkte:

- Planen von Aktivitäten und Treffen von Entscheidungen auf der Grundlage von errechneten Ergebnissen
- Entwickeln und Vertiefen der Erfahrungen mit Geld
- Entwickeln von Erfahrungen zur Ausgabenplanung

Zur Thematik:

Die Blätter 34 bis 40 bieten Sachsituationen aus der Freizeitgestaltung der Kinder an. Unter mathematischen Gesichtspunkten sind sehr unterschiedliche Bereiche angesprochen, so das Rechnen, Vergleichen, Ausgabenplanung und die Größenbereiche Geld, Zeit und Länge. Ein Gespräch, das die Erfahrungen der Kinder mit Freizeitangeboten einbezieht, wird zur Sinnerfassung beitragen.

Zum Vorgehen:

Im Gespräch sind die Rahmenbedingungen zur Lösung der *Aufgabe 1* zu klären.

Robert kann sein gesamtes erspartes Geld ausgeben, er muss aber nicht alles aufbrauchen.

Er kann mehrere der auf den Kärtchen genannten Aktivitäten unternehmen, er kann aber auch eine der genannten Aktivitäten mehrmals unternehmen.

Jedes Kind soll voneinander verschiedene Möglichkeiten planen, d. h., mindestens zwei. Jede dieser Möglichkeiten kann mit den Kärtchen gelegt und dann auf der Rückseite des Arbeitsblattes notiert werden.

Es kann sinnvoll sein, die *Aufgabe 2* als Hausaufgabe zu geben, um den Kindern Gelegenheit zu geben, sich darüber mit ihren Eltern zu beraten.

Freizeit

Tom und Marie wollen Sendungen im Fernsehen aufzeichnen. Der Vater gibt ihnen dafür eine Videokassette mit einer Spieldauer von 180 Minuten.

1. Schneide die Filmkarten aus und lege verschiedene Möglichkeiten für das Bespielen der Kassette! Notiere zwei davon!

1. Möglichkeit: _____

2. Möglichkeit: _____

Spieldauer:

Spieldauer:

2. Notiere die Filme, die du für die Kassette auswählen würdest!

Spieldauer:

11.15 Uhr bis 11.45 Uhr	**Tierwelt: Die Wale**	17.00 Uhr bis 17.25 Uhr	**Donald Duck**
15.20 Uhr bis 16.45 Uhr	**Alex und das Zauberschwert**	12.05 Uhr bis 12.30 Uhr	**Geschichten vom alten Bären**
17.35 Uhr	**In einem Land vor unserer Zeit: Die Dinos kommen** 70 Min.	15.00 Uhr bis 16.00 Uhr	**Die Schöne und das Biest**
8.15 Uhr bis 9.00 Uhr	**Benjamin Blümchen und die Zirkuslöwen**	11.25 Uhr	**Black Beauty: Geschichten eines Pferdes** 85 Min.

Hinweise zum Arbeitsblatt

Schwerpunkte:

- Planen von Aktivitäten und Treffen von Entscheidungen auf der Grundlage von errechneten Ergebnissen
- Diskutieren unterschiedlicher Varianten
- Entwickeln und Vertiefen der Erfahrungen mit Zeitspannen
- Entwickeln von Erfahrungen zur Zeitplanung

Zur Thematik:

Die Blätter 34 bis 40 bieten Sachsituationen aus der Freizeitgestaltung der Kinder an. Unter mathematischen Gesichtspunkten sind sehr unterschiedliche Bereiche angesprochen, so das Rechnen, Vergleichen, Ausgabenplanung und die Größenbereiche Geld, Zeit und Länge. Ein Gespräch, das die Erfahrungen der Kinder mit Videoaufzeichnungen von Fernsehsendungen einbezieht, wird zur Sinnerfassung beitragen.

Zum Vorgehen:

Im Gespräch sind die Rahmenbedingungen zur Lösung der *Aufgabe 1* zu klären.

- Es können mehrere Sendungen auf dem Band gespeichert werden.
- Man muss die Dauer der ausgewählten Sendungen ermitteln und zusammenrechnen. Die Gesamtdauer darf 180 Minuten nicht überschreiten.
- Bei Aufgabe 1 sollen verschiedene Möglichkeiten angegeben werden.

Zweckmäßig könnte sein, die Dauer der einzelnen Sendungen jeweils auf dem entsprechenden Kärtchen zu vermerken. Das erleichtert das Auffinden unterschiedlicher Varianten.

Bei *Aufgabe 2* soll jedes Kind nach seinem Geschmack eine Auswahl treffen.

Freizeit

1. Die Geschwister Jana und Eric fahren
    mit ihren Eltern am Sonntag in ein
    Erlebnisbad. Wie viel müssen sie für
    den Eintritt bezahlen?

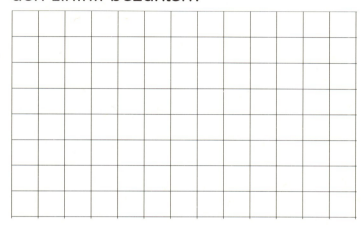

2. Henrieke hat am Mittwoch Geburtstag.
    Sie geht mit ihren Freundinnen Lisett,
    Mandy, Nicol und Rebecca in das
    Erlebnisbad. Henrieke bezahlt für alle
    die Eintrittskarte.
    Wie viel Geld muss sie bezahlen?

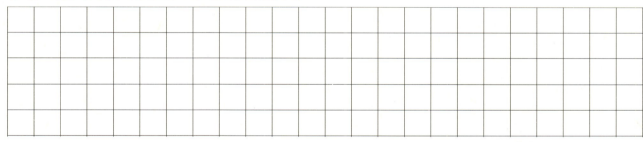

3. Henrieke bekam zwei 10-___-Scheine von ihrer Mutter.
    Kann sie von dem Restgeld für jeden noch ein Eis kaufen?

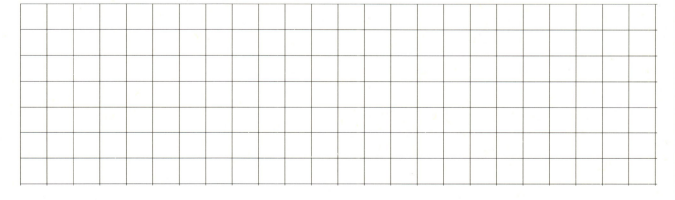

Hinweise zum Arbeitsblatt

Schwerpunkte:

- Planen von Aktivitäten und Treffen von Entscheidungen auf der Grundlage von errechneten Ergebnissen
- Entwickeln und Vertiefen der Erfahrungen mit Geld
- Entwickeln von Erfahrungen zur Ausgabenplanung

Zur Thematik:

Die Blätter 34 bis 40 bieten Sachsituationen aus der Freizeitgestaltung der Kinder an. Unter mathematischen Gesichtspunkten sind sehr unterschiedliche Bereiche angesprochen, so das Rechnen, Vergleichen, Ausgabenplanung und die Größenbereiche Geld, Zeit und Länge. Ein Gespräch, das die Erfahrungen der Kinder mit Freizeitangeboten einbezieht, wird zur Sinnerfassung beitragen.

Zum Vorgehen:

Es kann bei der Bearbeitung der *Aufgabe 1* sinnvoll sein, die Personen und den für jede Person zu entrichtenden Eintrittspreis aufzulisten:

Vater	-	5 €	bzw.	8 Fr.
Mutter	-	5 €	bzw.	8 Fr.
Jana	-	3 €	bzw.	5 Fr.
Eric	-	3 €	bzw.	5 Fr.
Zusammen:		16 €	bzw.	26 Fr.

Zu beachten ist bei *Aufgabe 2*, dass mittwochs halbe Preise zu zahlen sind.

Henrieke geht mit vier Freundinnen. Es sind also 5 Personen.

Bei *Aufgabe 3* ist noch die Währung „€" bzw. „Fr." einzusetzen. Die Höhe des Restgeldbetrages muss ermittelt werden. Dann ist zu entscheiden, ob dieser Betrag ausreicht, um für jedes Kind noch ein Eis zu bezahlen. Die Kinder sollten bei der Entscheidung von ihren eigenen Erfahrungen bezüglich der Preise für Eis ausgehen.

Zur Lösung:

1.		16,00 €	26.00 Fr
2.		7,50 €	12.50 Fr
3.	Restgeld:	12,50 €	7.50 Fr

Freizeit

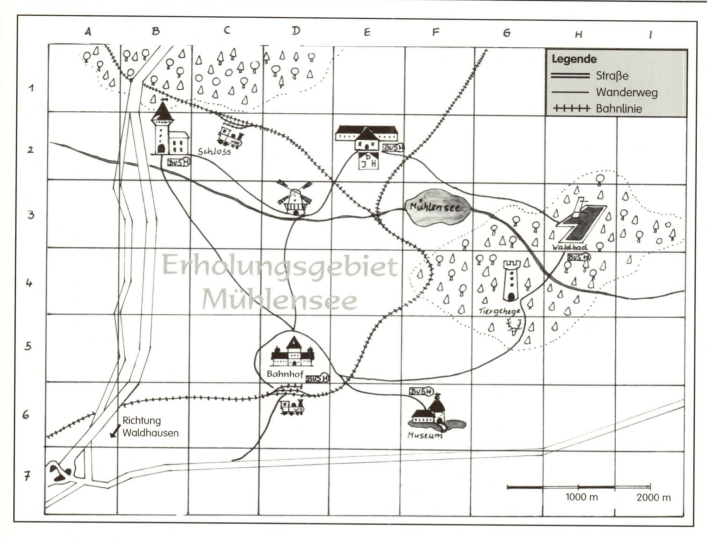

Das ist eine Wanderkarte des Gebietes Mühlensee bei Waldhausen.

1. Gib mithilfe der Planquadrate folgende Lagen an:

    Waldbad _____   Bahnhof _____   Museum _____   Schloss _____

2. Toni möchte vom Bahnhof zum Bad. Zeichne zwei mögliche Wege
    mit unterschiedlichen Farben ein! Welchen Weg würdest du gehen?
    Begründe!

    _____

    Wie lang ist der von dir ausgewählte Weg vom Bahnhof zum Bad?

    _____

    _____

Hinweise zum Arbeitsblatt

Schwerpunkte:

- – Entwickeln und Vertiefen der Erfahrungen mit Karten
- – Entwickeln von Erfahrungen zum Lesen von Karten
- – Entwickeln von Erfahrungen zum Maßstab

Zur Thematik:

Die Blätter 34 bis 40 bieten Sachsituationen aus der Freizeitgestaltung der Kinder an. Unter mathematischen Gesichtspunkten sind sehr unterschiedliche Bereiche angesprochen, so das Rechnen, Vergleichen, Ausgabenplanung und die Größenbereiche Geld, Zeit und Länge.

Ein Gespräch, das die Erfahrungen der Kinder im Umgang mit Karten einbezieht, wird zur Sinnerfassung beitragen. Die Lösung der Aufgaben erfordert den Umgang mit dem Maßstab.

Zum Vorgehen:

Die Karte sollte zunächst Gegenstand eines Gesprächs sein:
Was ist auf der Karte zu sehen?
Was bedeuten die einzelnen Linien?
Was ist mit der Angabe unten rechts gemeint? (Maßstabsangabe)

Zur Lösung der *Aufgabe 1* ist zu klären, was mit „Planquadraten" gemeint ist. Die Karte ist mit einem Netz von Quadraten überdeckt. Damit man die einzelnen Quadrate benennen kann, sind die Zeilen an der linken Seite der Karte mit Ziffern benannt, die Spalten am oberen Rand der Karte mit Buchstaben. Mit je einer Ziffer und einem Buchstaben kann man ein Quadrat kennzeichnen.

Das Waldbad liegt im Planquadrat 3 H usw.

Zur Lösung der *Aufgabe 3* kommen insgesamt drei Wege infrage.
Bahnhof – Tiergehege –Waldbad
Bahnhof – Schloss – Mühle – Jugendherberge – Waldbad
Bahnhof– Mühle – Jugendherberge – Waldbad

Die Länge dieser Wege kann mit dem auf der Karte angebrachten Maßstab ermittelt werden. Zwei Zentimeter auf der Karte entsprechen 1000 m in Wirklichkeit. Man kann den zu messenden Weg mit zwei Zentimeter langen Papierstreifen auslegen.

Zur Lösung:

1. Waldbad   3 H

   Bahnhof   5 D

   Museum   6 F

   Schloss   2 B

2. Bahnhof – Tiergehege – Waldbad   5 500 m

   Bahnhof – Schloss – Mühle – Jugendherberge – Waldbad   12 500 m

   Bahnhof – Mühle – Jugendherberge – Waldbad   8 500 m

Freizeit

Saskia und Rebecca sind mit ihren Eltern zur Ritterburg gewandert. Auf ihrer selbst angefertigten Wanderkarte haben sie alle wichtigen Angaben über ihre Wanderung eingetragen.

An der Bank machten sie eine erste Pause. Danach gingen sie zum Gasthaus „Jagdhütte", bestellten sich ein Mittagessen und ruhten sich für den restlichen Weg aus.

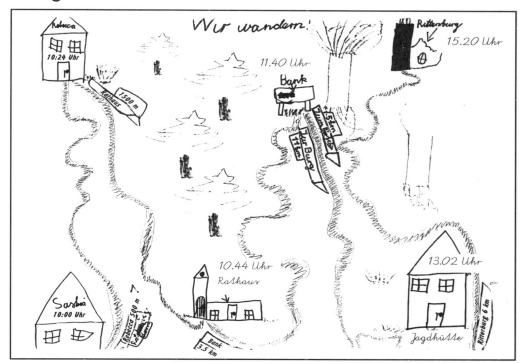

1. Wie viel Kilometer sind es von Saskias Wohnung bis zur Bank?

2. Berechne die Länge der gesamten Strecke von Rebeccas Wohnung bis zur Ritterburg!

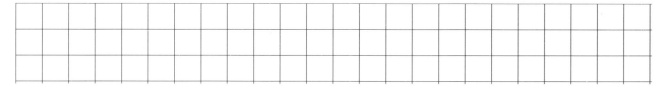

3. Wie lange war jedes der beiden Mädchen bis zur Ritterburg unterwegs?

Hinweise zum Arbeitsblatt

Schwerpunkte:

- Vertiefen von Erfahrungen im Ermitteln bzw. Herauslesen von Angaben, die zur Lösung wichtig sind
- Lesen von Skizzen
- Entwickeln und Vertiefen von Vorstellungen zu Längen und Zeitspannen

Zur Thematik:

Die Blätter 34 bis 40 bieten Sachsituationen aus der Freizeitgestaltung der Kinder an. Unter mathematischen Gesichtspunkten sind sehr unterschiedliche Bereiche angesprochen, so das Rechnen, Vergleichen, Ausgabenplanung und die Größenbereiche Geld, Zeit und Länge. Ein Gespräch, das die Erfahrungen der Kinder mit Wanderungen einbezieht, wird zur Sinnerfassung beitragen.

Zum Vorgehen:

Die Kinder sollten Gelegenheit erhalten, aus dem Text und der Skizze über den Verlauf der Wanderung zu berichten.
Wo und wann ging es los? (Für Saskia an anderer Stelle und zu einem anderen Zeitpunkt als für Rebecca.)
Wohin führte die Wanderung?
Wo kamen sie vorbei?
Wo kehrten sie ein?
Wann kamen sie bei der Ritterburg an?
Und so weiter.

Die in *Aufgabe 1* erfragte Strecke setzt sich aus Teilstrecken zusammen, deren Längen aus der Skizze ablesbar sind.

Saskias Wohnung	– Rebeccas Wohnung	–	500 m
Rebeccas Wohnung	– Rathaus	–	1500 m
Rathaus	– Bank	–	3,5 km

Bei der Lösung der *Aufgabe 2* kann man wie bei Aufgabe 1 vorgehen:

Rebeccas Wohnung	– Rathaus	–	1500 m
Rathaus	– Bank	–	3,5 km
Bank	– Burg	–	11 km

Bei *Aufgabe 3* sind aus den angegebenen Zeitpunkten die Zeitspannen zu ermitteln. Saskia ging um 10.00 Uhr los, Rebecca um 10.24 Uhr.

Beide kamen um 15.20 an der Ritterburg an.

Zur Lösung:

1 5,5 km

2. 16 km

3. Saskia war 5 Stunden und 20 Minuten unterwegs. Rebecca 24 Minuten weniger als Saskia, also 4 Stunden und 56 Minuten.

Freizeit

Plane eine Wanderung mit deinen Eltern!
Suche ein Ziel auf einer Wanderkarte heraus!
Überlege, ob es verschiedene Wege gibt!

1. Schreibe für eure Wanderung wichtige
    Angaben auf! Fertige dazu eine Skizze
    an und trage dort die Angaben ein!

2. Suche dir auf der Wanderroute ein geeignetes Gelände aus und
    bestimme eine Strecke von einem Kilometer Länge! Dazu brauchst du
    deine Beine, ein Messband und eine gute Idee!

3. Stoppe für die gewanderte Strecke von einem Kilometer die Zeit und
    schreibe sie auf! _____

4. Wie viel Kilometer kannst du in einer Stunde wandern?

_____

Hinweise zum Arbeitsblatt

Schwerpunkte:

- Planen von Aktivitäten und Treffen von Entscheidungen auf der Grundlage von errechneten Ergebnissen
- Entwickeln und Vertiefen der Erfahrungen mit Karten
- Entwickeln von Erfahrungen zum Lesen von Karten
- Vertiefen von Vorstellungen zu Längen und Zeitspannen
- Entwickeln des proportionalen Denkens

Zur Thematik:

Die Blätter 34 bis 40 bieten Sachsituationen aus der Freizeitgestaltung der Kinder an. Unter mathematischen Gesichtspunkten sind sehr unterschiedliche Bereiche angesprochen, so das Rechnen, Vergleichen, Ausgabenplanung und die Größenbereiche Geld, Zeit und Länge. Ein Gespräch, das die Erfahrungen der Kinder im Umgang mit Karten einbezieht, wird zur Sinnerfassung beitragen.

Das Arbeitsblatt kann nur in Einheit mit einer tatsächlichen Wanderung bearbeitet werden. Entweder werden – wie auf dem Arbeitsblatt vorgeschlagen – die Eltern einbezogen oder es wird ein Ausflug der Klasse (Wandertag) geplant und durchgeführt.

Zum Vorgehen:

Die in *Aufgabe 1* anzufertigende Skizze kann sich an der auf dem Arbeitsblatt 39 orientieren. Es muss keine abgezeichnete Karte sein, und die Skizze muss nicht maßstabsgerecht sein. Sie soll die für die Wanderung markanten Stellen in der richtigen Reihenfolge festhalten.

Die *Aufgabe 2* kann nur im Gelände bearbeitet werden. Eine Strecke von einem Kilometer mit einem Messband abzumessen ist sehr aufwändig. Besser ist es, die Strecke mit Schritten abzumessen.

Man misst mit dem Messband eine Strecke von 50 m ab. Dann probiert man aus, wie viele Schritte man für diese Strecke beim normalen Laufen benötigt.

Nun läuft man jeweils diese Schrittzahl und weiß dann, dass man jeweils 50 m zurückgelegt hat. Dies wiederholt man so lange, bis man 1 000 m zurückgelegt hat.

Man sollte nicht vergessen, den Anfang der Strecke zu markieren, erst Anfang und Ende geben die Strecke von einem Kilometer an. Wählt man ein gerades Wegstück, das vollkommen eingesehen werden kann, ist dann die Strecke von einem Kilometer auch sichtbar.

Bei *Aufgabe 3* ist es sinnvoll, für die Zeitmessung die fertig abgesteckte Strecke noch einmal zu durchwandern.

Zur Lösung der *Aufgabe 4* sollte folgende Überlegung im Mittelpunkt stehen:
Werden für einen Kilometer z. B. 14 Minuten benötigt, so kann jetzt durch Vervielfachen auf die Weglänge geschlossen werden, die man in einer Stunde zurücklegt:
14 Minuten – 1 km
28 Minuten – 2 km
42 Minuten – 3 km
56 Minuten – 4 km

Es sollte unbedingt mit der bei der Lösung der Aufgabe 3 ermittelten Zeit für einen Kilometer gerechnet werden.

Zur Lösung:

In einer Stunde legen wir etwas mehr als 4 km zurück.

Landschaft

Die Tabelle zeigt die Höhen einiger Berge.

Berg	Höhe in m
Brocken (Deutschland)	1142
Zugspitze (Deutschland)	2 962
Matterhorn (Schweiz)	4 478
Wildspitze (Österreich)	3 772

1. Trage von zwei weiteren Bergen in Europa die Höhen ebenfalls in die Tabelle ein!

2. Stelle die Höhen der Berge dar!

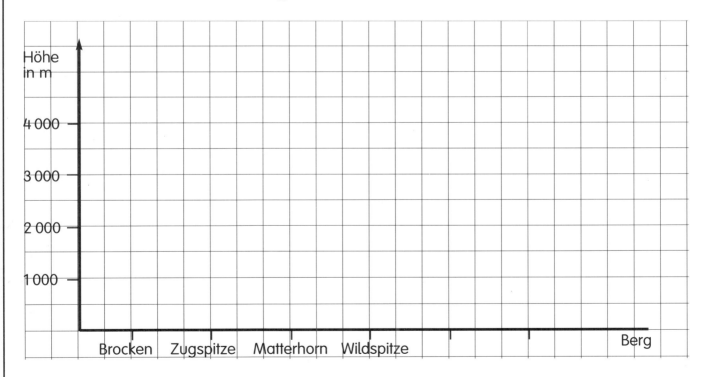

3. Berechne den Unterschied zwischen dem höchsten und dem niedrigsten Berg!

Hinweise zum Arbeitsblatt

Schwerpunkte:

- Zusammenstellen von Informationen in Tabellen und Diagrammen
- Entwickeln und Vertiefen von Erfahrungen zu Längen
- Entwickeln von Erfahrungen mit Diagrammen

Zur Thematik:

Die Arbeitsblätter 41 und 42 bieten Situationen aus der Geografie, um an diesen Längen zu vergleichen und die Vergleiche in einem Diagramm anschaulich zu machen. Sie können auch genutzt werden, um an die Verwendung eines Atlasses heranzuführen. Ein Gespräch, das die Erfahrungen und Kenntnisse der Kinder über hohe Berge einbezieht, wird zur Sinnerfassung beitragen. Es wird zweckmäßig sein, eine physische Karte von Mitteleuropa im Klassenzimmer aufzuhängen, um die angegebenen Berge auf der Karte zu zeigen. Kinder, die schon einmal auf einem dieser Berge waren, können ihre Eindrücke schildern.

Zum Vorgehen:

Bei *Aufgabe 1* sollen zwei weitere hohe Berge in die Tabelle eingetragen werden. Die Karte kann dabei genutzt werden, um weitere Berge zu finden.

Aufgabe 2 fordert die Höhen der Berge durch Strecken entsprechender Länge in das Diagramm einzutragen. Zunächst ist zu klären, welche Höhe durch eine Kästchenlänge dargestellt wird. Der Brocken ist 1 142 m hoch. Zwei Kästchen bedeuten 1 000 m, 3 Kästchen schon 1 500 m. Eine halbe Kästchenlänge stellen dann 250 m dar. 1 142 m werden also durch eine Strecke von zwei ganzen und weniger als einer halben Kästchenlänge dargestellt. Eine größere Genauigkeit soll hier noch nicht angestrebt werden.

Den Unterschied, der bei *Aufgabe 3* gefragt wird, ermittelt man, in dem man von der Höhe des höchsten Berges die des niedrigsten subtrahiert.

Landschaft

Die Tabelle zeigt die Tiefen einiger Seen.

See	maximale Tiefe in m
Zürichsee	143
Vierwaldstätter See	214
Bodensee	254
Wolfgangsee	114

1. Trage von zwei weiteren Seen aus deinem Land die Tiefen in die Tabelle ein!

2. Stelle die Tiefen der Seen dar!

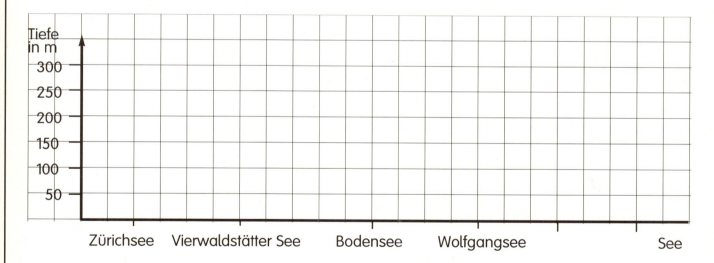

3. Ordne die Seen nach ihren maximalen Tiefen!

_____

_____

4. Ab welcher Tiefe benötigt man Tauchgeräte?

_____

Hinweise zum Arbeitsblatt

Schwerpunkte:

- Zusammenstellen von Informationen in Tabellen und Diagrammen
- Entwickeln und Vertiefen von Erfahrungen zu Längen
- Entwickeln von Erfahrungen mit Diagrammen

Zur Thematik:

Die Arbeitsblätter 41 und 42 bieten Situationen aus der Geografie, um an diesen Längen zu vergleichen und die Vergleiche in einem Diagramm anschaulich zu machen. Sie können auch genutzt werden, um an die Verwendung eines Atlasses heranzuführen. Ein Gespräch, das die Erfahrungen und Kenntnisse der Kinder über die Wassertiefe von Seen einbezieht, wird zur Sinnerfassung beitragen. Insbesondere kann eine Skizze dazu beitragen, zu klären, dass die maximale Wassertiefe eines Sees nur an einer Stelle des Sees vorhanden sein muss. An anderen Stellen kann der See sehr flach sein.

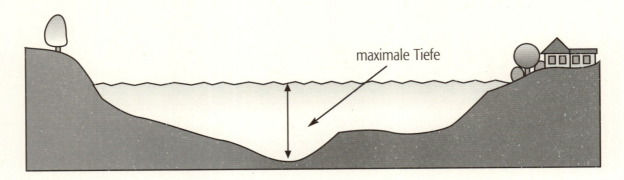

Zum Vorgehen:

Zur Bearbeitung der *Aufgabe 1* wird es zweckmäßig sein, eine physische Karte von Mitteleuropa im Klassenzimmer aufzuhängen, um die angegebenen Seen auf der Karte zu zeigen. Kinder, die schon einmal an einem dieser Seen waren, können ihre Eindrücke schildern.

Dann soll von zwei weiteren Seen jeweils die maximale Tiefe in die Tabelle eingetragen werden. Eine Karte kann hier helfen, weitere Seen zu finden. Deren maximale Tiefe muss eventuell aus dem Sachkundematerial oder aus dem Internet entnommen werden.

Die maximalen Tiefen der Seen sollen bei *Aufgabe 2* durch Strecken entsprechender Länge in das Diagramm eingetragen werden. Zunächst ist zu klären, welche Tiefe durch eine Kästchenlänge dargestellt wird. Der Zürichsee ist an der tiefsten Stelle 143 m tief. Zwei Kästchen bedeuten 100 m, 3 Kästchen schon 150 m. Eine halbe Kästchenlänge stellen dann 25 m dar. 143 m werden also durch eine Strecke von fast drei Kästchenlängen dargestellt. Eine größere Genauigkeit soll hier noch nicht angestrebt werden.

Die Frage in *Aufgabe 4* ist nicht eindeutig zu beantworten. Man sollte Tauchsportler befragen lassen. Es gibt Tauchsportler, die ohne Geräte bis zu 150 m tief tauchen. Das geht aber nur nach ausgiebigem Training. Normalerweise sollte man nicht tiefer als 6 bis 10 m tauchen.

Trickfilm

Für Trickfilme muss jedes Bild einzeln fotografiert werden. Wenn wir 25 Bilder je Sekunde sehen, dann haben wir den Eindruck, die Figuren bewegen sich. Male ein einfaches Daumenkino und probiere es aus!

1. Wie viele Bilder braucht man für einen 5 Sekunden langen Film? Kreuze die richtige Darstellung an und rechne aus!

	1. Sekunde	2. Sekunde	3. Sekunde	4. Sekunde	5. Sekunde
○	25 Bilder	25 Bilder	25 Bilder	25 Bilder	25 Bilder
○	25 Bilder	30 Bilder	35 Bilder	40 Bilder	45 Bilder

Rechnung und Antwort:

2. Begründe, warum für einen Film von 3 Sekunden 75 Bilder gebraucht werden!

3.

Anzahl der Bilder	Dauer des Filmes
	2 Sekunden
100	
250	
	20 Sekunden

Hinweise zum Arbeitsblatt

Schwerpunkte:

- Zusammenstellen von Informationen in Tabellen
- Beurteilen von Darstellungen
- Entwickeln und Vertiefen von Erfahrungen zu Zeitspannen
- Entwickeln von proportionalem Denken

Zur Thematik:

Aus Text und Darstellung sollen sich die Kinder ein geeignetes Bild von der Sachsituation machen, damit sie die Frage beantworten bzw. die Aufgaben lösen können. Erfahrungen zur Filmherstellung werden die Kinder kaum von zu Hause mitbringen, da die Videokameras die Filmkameras verdrängt haben. Nützlich wäre es, sich einen Filmapparat mit eingelegtem Film anzuschauen. Ein „Daumenkino" könnte ebenfalls zur Erzeugung richtiger Vorstellungen vom Sachproblem beitragen.

Zum Vorgehen:

Zur Beantwortung der in *Aufgabe 1* gestellten Frage ist die Information wichtig, dass 25 Bilder je Sekunde aufgenommen werden. Das Verständnis dieser Formulierung kann einigen Kindern noch Schwierigkeiten machen. Dann muss es erläutert werden. In den Darstellungen zu Aufgabe 1 stehen Ordinalzahlen (erste Sekunde, zweite Sekunde usw.). Es ist darauf zu achten, das die Kinder diese Angaben nicht als „eine Sekunde, zwei Sekunden usw." lesen.

Rechnet ein Kind 25+25+25+25+25, so ist das völlig in Ordnung. Man sollte dann darüber reflektieren, das man dafür auch kürzer $5 \cdot 25$ schreibt.

Die zu erwartende Begründung in *Aufgabe 2* könnte lauten: Für jede Sekunde werden 25 Bilder benötigt, für drei Sekunden also $3 \cdot 25$ Bilder.

Kinder, deren proportionales Denken bereits gut entwickelt ist, werden bei *Aufgabe 3* aus „50 Bilder ergeben 2 Sekunden" auf „100 Bilder ergeben 4 Sekunden" (doppelt so viele Bilder ergeben doppelt so viele Sekunden) usw. schließen.

Andere Kinder werden dazu vielleicht noch nicht in der Lage sein. Diese können auf der Rückseite des Arbeitsblattes eine ausführlichere Tabelle anlegen:

Anzahl der Bilder	Dauer des Filmes
25	1 Sekunde
50	2 Sekunden
75	3 Sekunden
…	…

Zur Lösung:

1. 25 Bilder

2. Für jede Sekunde werden 25 Bilder benötigt, für drei Sekunden also $3 \cdot 25$ Bilder.

3.

Anzahl der Bilder	Dauer des Filmes
50	2 s
100	4 s
250	10 s
500	20 s

Ferien

1. Entnimm einem Kalender die für dich geltenden Ferienzeiten in diesem Schuljahr.

   Ich wohne in _____

   Ferienzeiten:

   _____

   _____

   _____

   _____

   _____

   _____

   _____

   _____

2. Hast du mehr Schultage oder mehr schulfreie Tage im Jahr? Ermittle dazu die Anzahl der freien Tage und der Schultage für ein Schuljahr! Trage sie in die Tabelle ein!

Monat	Schultage	freie Tage	
		Ferientage	weitere Tage
September			
Oktober			
November			
Dezember			
Januar			
Februar			
März			
April			
Mai			
Juni			
Juli			
August			
Gesamt:			

Hinweise zum Arbeitsblatt

Schwerpunkte:

- Zusammenstellen von Informationen in Tabellen
- Entwickeln und Vertiefen von Erfahrungen mit einem Kalender

Zur Thematik:

Das Problem der Ferienzeiten kann genutzt werden, um den Umgang mit einem Kalender zur Beantwortung von Fragen zu üben.

Zum Vorgehen:

Die *Aufgabe 1* kann gut als Hausaufgabe gelöst werden. Die Eltern können sicher mit einem Kalender helfen.

Zu Beginn der Bearbeitung der *Aufgabe 2* sollten die Kinder einen Tipp abgeben, ob es mehr schulfreie oder mehr Schultage im Jahr gibt.

Dann ist zu klären, was freie Tage sein sollen. Es sind Ferientage oder schulfreie Tage, die nicht zu den Ferien zählen, z. B. Samstage und Sonntage außerhalb der Ferienzeiten, aber auch Feiertage außerhalb der Ferienzeiten. Die Schultage und die freien Tage müssen sorgfältig mithilfe eines Kalenders ausgezählt werden. Nachdem die Tage für den Monat September gemeinsam ausgezählt wurden, kann gut in Gruppen gearbeitet werden, wobei jede Gruppe die Schultage und freien Tage für einen oder zwei Monate auszählt.

Die Ergebnisse für die einzelnen Monate werden dann zusammengetragen und addiert.

Telefonieren

1. Paul und sein Freund wohnen in Berlin.
   Sie sehen sich selten. Sie verabreden,
   oft miteinander zu telefonieren. Sie wissen,
   dass zu bestimmten Tageszeiten
   das Telefonieren billiger ist.

		1. Anbieter Preis pro Minute	2. Anbieter Preis pro Minute	3. Anbieter Preis pro Minute
vormittags	8 – 12 Uhr	0,07 €	0,08 €	0,06 €
nachmittags	12 – 16 Uhr	0,05 €	0,06 €	0,06 €
Freizeit	16 – 20 Uhr	0,03 €	0,04 €	0,06 €

Zu welchen Tageszeiten ist das Telefonieren billiger? Überlege, welcher
Anbieter günstig ist!

2. Veras Familie wohnt in Bern. Sie hat sich von zwei Telefonanbietern die
   Gebühren für einen Monat zusammenstellen lassen. Als eine durch-
   schnittliche Gesprächsdauer gab sie 300 Gesprächseinheiten im
   Monat an. Dazu kommt noch die monatliche Grundgebühr.

Anbieter	Grundgebühr	Gebühr je Gesprächseinheit	Gebühr für 300 Gesprächseinheiten	Gesamtpreis im Monat
1. Anbieter	18.00 Fr.	6 Rp.	18.00 Fr.	
2. Anbieter	8.00 Fr.	10 Rp.	30.00 Fr.	

Berechne jeweils die Kosten für einen Monat! Überlege, für welchen
Anbieter sich Veras Familie entscheiden sollte! Begründe!

Hinweise zum Arbeitsblatt

Schwerpunkte:

- Entnahme von Informationen aus Tabellen
- Planen von Aktivitäten und Treffen von Entscheidungen auf der Grundlage von errechneten Ergebnissen
- Entwickeln und Vertiefen der Erfahrungen mit Geld
- Entwickeln von Erfahrungen zur Ausgabenplanung

Zur Thematik:

Telefonieren spielt heute bei Schulkindern eine zunehmende Rolle. Es ist sinnvoll, sie an das Problem der Kosten für das Telefonieren heranzuführen und Wege zur Kostensenkung mit ihnen zu besprechen. Sie erfahren dabei, dass Rechnen zu kostengünstigen Entscheidungen beitragen kann. Die Bearbeitung des Blattes kann auch Anregung dafür sein, die tatsächlichen Kosten für das Telefon der Familie oder für das Handy zu ermitteln und die Kosten miteinander zu vergleichen.

Zum Vorgehen:

Die beiden gestellten Fragen in der *Aufgabe 1* sind nicht so einfach zu beantworten. Jede Antwort erfordert noch die Nennung von Bedingungen, unter denen die Antwort gilt. Man sollte sich schrittweise den Antworten nähern, indem man die Tabelle zuerst spaltenweise und anschließend zeilenweise auswertet.

Zu welcher Tageszeit ist das Telefonieren billiger?

Die Antwort hängt vom Anbieter ab. Bei den Anbietern 1 und 2 ist es in der Freizeit billiger als sonst, beim Anbieter 3 kostet es zu allen angegebenen Zeiten gleich viel.

Überlege, welcher Anbieter günstig ist!

Wenn man bedenkt, dass Paul und sein Freund vormittags in der Schule sind und nicht miteinander telefonieren, dann ist der Anbieter 1 wohl am günstigsten. Vormittags ist der 3. Anbieter am günstigsten.

Zur Lösung der *Aufgabe 2* muss sorgfältig geklärt werden, wie sich die Telefonkosten aus der Grundgebühr und den Kosten für die Gesprächseinheiten zusammensetzen. Der niedrigere Gesamtpreis gibt den Ausschlag für den 1. Anbieter.

Zur Lösung:

2. 1. Anbieter: 36 Fr. Gesamtkosten   2. Anbieter: 38 Fr. Gesamtkosten

Sport

Beim Sportfest werden nacheinander folgende Sprungweiten angezeigt:

Anne:	2,35 m	Achmed:	3,10 m	Werner:	2,87 m	Sabine:	2,82 m
Ruth:	3,27 m	Steffen:	3,47 m	Peter:	3,22 m	Ralf:	3,40 m
Lisa:	2,51 m	Nicole:	2,70 m	Vera:	3,01 m	Ben:	3,43 m

1. Trage die Weiten der Jungen und Mädchen in getrennte Diagramme ein!

2.

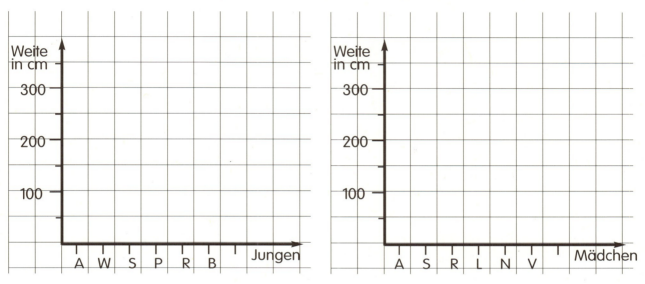

Welcher Junge springt am weitesten? Berechne für die Jungen den Unterschied zwischen dem weitesten und dem kürzesten Sprung!

3. Ruth ist das beste Mädchen im Weitsprung. Ist das richtig?

4. Wie weit springst du? Trage deinen Wert in das entsprechende Diagramm ein! Gehörst du zu den besseren Weitspringern?

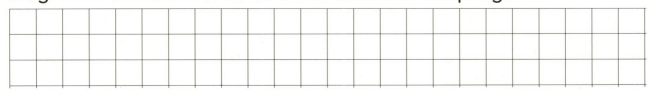

Hinweise zum Arbeitsblatt

Schwerpunkte:

- – Entnehmen von Informationen aus Tabellen
- – Entwickeln und Vertiefen von Erfahrungen zu Längen
- – Vergleichen von Längen
- – Entwickeln von Erfahrungen mit Diagrammen

Zur Thematik:

Dieses Arbeitsblatt bietet ein komplexes Problem aus dem Erfahrungsbereich der Kinder an. Es verlangt Angaben aus einer Tabelle zu entnehmen, diese in Diagrammen darzustellen, miteinander zu vergleichen und auch Entscheidungen zu treffen.

Ein Gespräch, das die Kenntnisse der Kinder über ihre Erfahrungen aus dem Sportunterricht zum Weitspringen einbezieht, wird zur Sinnerfassung beitragen.

Zum Vorgehen:

Bei *Aufgabe 1* sollen die Sprungweiten durch Strecken entsprechender Länge in die Diagramme eingetragen werden. Zunächst ist zu klären, welche Höhe durch eine Kästchenlänge dargestellt wird. Anne ist 2,35 m weit gesprungen. Zwei Kästchen bedeuten 100 cm, 4 Kästchen also 200 cm. Eine halbe Kästchenlänge stellt dann 25 cm dar. 235 cm werden also durch eine Strecke von vier ganzen und etwas mehr als einer halben Kästchenlänge dargestellt. Eine größere Genauigkeit soll hier noch nicht angestrebt werden.

Zur Lösung:

2. Steffen springt am weitesten. Der Unterschied zwischen dem weitesten und dem kürzesten Sprung der Jungen beträgt 60 cm.

3. Ruth ist das beste Mädchen im Weitsprung.

Sport

Die Sportvereine Post Pfeifendorf und Union Eckenheim spielten am Sonntag ein Freundschaftsspiel. Für Pfeifendorf kamen 65 Fans, für Eckenheim 80. Zusätzlich fanden sich 130 Sportfreunde ein. In jeder Mannschaft spielten 11 Spieler.

Bis zur 87. Spielminute stand es 0:0. Dann wurde innerhalb von zwei Minuten von jeder Mannschaft ein Tor geschossen. Die Spannung stieg. In der 90. Minute verhängte der Schiedsrichter einen Elfmeter gegen Union Eckenheim. Der Elfmeterschuss entschied das Spiel für den Verein aus Pfeifendorf. In der Halbzeitpause wurden 96 Bratwürste verkauft.

Beantworte folgende Fragen!
Unterstreiche dazu vorher die nötigen Zahlenangaben jeweils mit einer Farbe!

1. Wie viele Zuschauer kamen zum Spiel?

2. Wie war der Spielstand in der 89. Spielminute?

3. Welche Zahlenangaben hast du nicht gebraucht?

Hinweise zum Arbeitsblatt

Schwerpunkte:

- Entwickeln und Vertiefen von Erfahrungen im Auswerten von Texten
- Entwickeln von Erfahrungen im Unterscheiden von Angaben, die für die Beantwortung einer Frage wichtig sind, von solchen Angaben, die für die Beantwortung einer Frage unwichtig sind

Zur Thematik:

Es ist ein umfangreicher Text so zu erschließen, dass ganz spezielle Fragen zum Text beantwortet werden können. Dabei sind ganz bestimmte Zahlenangaben im Text zu finden, die eben nur im Sinnzusammenhang erkannt werden können. Ein Gespräch, das die Kenntnisse der Kinder über Sportveranstaltungen und Berichte darüber einbezieht, wird zur Sinnerfassung beitragen.

Zum Vorgehen:

Zuerst sollte der Text gelesen werden. Dann wäre über den Text zu reden. Er könnte auch nacherzählt werden. Erst dann ist jede Frage sorgfältig zu lesen. Anschließend wird der oben stehende Text mit dem Ziel gelesen, Angaben zu finden, die die gestellte Frage beantworten. Wichtig ist es, den gesamten Text von vorn bis hinten zu lesen und nicht an einer Stelle aufzuhören, an der man etwas zur Antwort findet.

Zur Lösung:

1. 275 Zuschauer

2. 1:1

3. In jeder Mannschaft spielten 11 Spieler. ... 90. Minute ... Elfmeterschuss ... 96 Bratwürste

HINWEISE ZUM LÖSEN VON SACHAUFGABEN

Lies den Text mehrmals durch.

Frage nach, wenn du Worte nicht verstehst.

Was ist dir schon darüber bekannt?

Erkläre jemandem, um was es in der Aufgabe geht.

Vielleicht kannst du es nachspielen.

Welche Frage willst du beantworten?

Vielleicht kannst du eine Zeichnung machen.

Kannst du durch Spielen oder Zeichnen schon eine Lösung finden?

Versuche, durch Probieren eine Lösung zu finden.

Vielleicht kannst du eine Rechenaufgabe finden, die zur Lösung führt.

Wenn du nicht weiterkommst, versuche einen anderen Anfang.

Prüfe die Antwort. Nutze deine Zeichnung. Du kannst auch an dein Spiel denken.

Erkläre jemandem die Aufgabe noch einmal, jetzt aber mit deiner Antwort.

Hinweise zum Arbeitsblatt

Einige Hinweise zum Lösen von Sachaufgaben

Im Allgemeinen nutzt man im Alltag und im Beruf Mathematik immer so, wie es zur Bearbeitung der Sachaufgaben notwendig ist. Auch dort hat man ja ein Sachproblem, für das man unter Nutzung von Mathematik Lösungen sucht. Insofern ist Mathematik für den üblichen Nutzer stets „Sachrechnen".

Jede Sachsituation erfordert – soll Mathematik eingesetzt werden – eine Modellbildung, in den einfachen Fällen wie hier das Herausfinden dessen, was gerechnet oder verglichen oder zugeordnet werden muss. Es muss keineswegs der kürzeste oder eleganteste Weg gefunden werden, sondern ein Weg, der mit den vom Kind verstandenen Mitteln zum Ziel führt.

Die Hinweise zum Lösen von Sachaufgaben sind sehr allgemeiner Natur. Sie stellen keineswegs eine Schrittfolge da. Es ist nicht sinnvoll, eine Schrittfolge zum Lösen von Sachaufgaben anzugeben. Dies würde ja bedeuten, dass es einen allgemeinen Algorithmus zur Lösung all der hier zusammengestellten Sachaufgaben gäbe. Einen solchen Algorithmus gibt es aber nicht. Es macht also auch wenig Sinn, viele Aufgaben gleichen Typs hintereinander zu lösen. Wechselt man den Typ nicht, stellt sich eventuell allmählich ein Erfolg bei allen Schülern ein, weil dann die Aufgaben nach dem gleichen Schema gelöst werden können. Insgesamt ist aber die Vielfalt der Aufgaben- und Fragestellungen in Sachsituationen so umfangreich, dass die Anzahl der notwendigen Schemata viel zu groß werden würde und dann wieder das Problem der Wahl des richtigen Schemas entstünde.

Es ist für das Erwerben von Kompetenz äußerst wichtig, die Problemlöseerfahrungen der Kinder aus dem Alltag, dem Spiel usw. zu mobilisieren und für die Lösung der Probleme in Sachaufgaben wirksam zu machen. Dazu muss das Sachproblem im Mittelpunkt stehen.

Zunächst ist zu sichern, dass die Kinder sich den Text des Blattes Sinn erfassend erschließen. Es genügt nicht, nur die Zahlen aus dem Text herauszusuchen. Der Text ist wichtig. Nur aus ihm erfahren die Kinder, worum es eigentlich geht. Missverständnisse, die aus der Sprache entstehen, sind nicht zu unterschätzen.

Die Sinnerfassung ist eng damit verbunden, hinreichende Vorstellungen vom Sachproblem zu erzeugen. Oftmals erweist es sich zum Erzeugen richtiger Vorstellungen von der Sache als nützlich, wenn die Sache, die im Text beschrieben bzw. von der im Text die Rede ist, mit einfachen Mitteln nachgestaltet, gezeichnet bzw. durchgespielt wird. Erfahrungen der Kinder zur Sache können im Gespräch wachgerufen und aufgegriffen werden.

Erst, wenn hinreichende Vorstellungen von der Sache bei den Kindern vorhanden sind, kann das mathematische Problem (z. B. eine Rechenaufgabe) formuliert und gelöst werden. Manchmal ergibt sich eine Lösung durch eine Zeichnung oder durch Probieren u. a. Dann macht es natürlich keinen Sinn, nachträglich noch eine Rechenaufgabe suchen zu lassen.

Schließlich muss die gefundene Lösung des mathematischen Problems in den Sachverhalt zurückübersetzt und auf ihre Tauglichkeit geprüft werden. Ob die gefundene Antwort tauglich ist, kann nur aus der Erfahrung heraus entschieden werden.

Das vordringliche Ziel bei der Beschäftigung mit diesen Aufgaben besteht darin, die Kinder Erfahrungen in der Modellbildung sammeln zu lassen, ohne eine Schrittfolge oder ein Vorgehen vorzuschreiben. Zunächst steht im Mittelpunkt, dass ein Problem gelöst wird. Fragen der Effektivität des Lösungsweges, der Form oder auch der Strategien können dann gestellt werden, wenn ein Grundstock an Situationserfahrungen erworben wurde.

Die Anregungen auf der Vorderseite sind als Impulse anzusehen. Man könnte dieses Blatt z. B. vergrößern und im Klassenraum anbringen. In geeigneten Situationen kann man darauf zurückgreifen und einen Impuls oder einige Impulse aufgreifen und nutzen.